Jacques Gaillot

Ihr seid das Volk

Jacques Gaillot

Ihr seid das Volk

Brief an meine Freunde in der Wüste

Herder
Freiburg · Basel · Wien

Titel der Originalausgabe:
Cher amis de Partenia

Übersetzung aus dem Französischen
von Peter Wild

Umschlaggestaltung: Neil McBeath, Kornwestheim

Herstellung: Clausen und Bosse, Leck
Gedruckt auf umweltfreundlichem, chlorfrei gebleichtem Papier
ISBN 3-451-23889-6

„Wenn Du eines Tages wirklich nicht mehr kannst,
trittst Du zurück.
Und Du gehst und wäschst den Armen die Füße,
umarmst die Aussätzigen und besuchst die Häftlinge.
Schließlich sind sie ja Jesus Christus."

Aus dem Brief eines Priesters

Inhalt

Ich komme auf Euch zu...

Liebe Freunde in Partenia, ich weiß nicht, ob Euch das ärgert, daß viele Leute Euch am Anfang gar nicht ernst nahmen. Sie sind nicht schuld daran. Denn Euer Name tönt wirklich nach einem Hollywood Schinken über die Antike, nach einem römischen Siegeszug, und 1995 begegnen uns nur selten römische Offiziere. Auf jeden Fall und trotz des Sinns für Humor, den man mir zugesteht: Ich habe nie an einen Witz gedacht - diesmal nicht.

Vor zwölf Jahren, da hatte ich Mühe, an meine Ernennung zum Bischof von Évreux zu glauben. Ich war damals noch jünger und hatte auf meinen Schultern erst eine kleine Last... Der Brief auf meinem Schreibtisch überzeugte mich erst nach einer sehr eingehenden Lektüre, obwohl er das Siegel der Nuntiatur trug. Aber diesmal, sogar ohne Brief, fiel es mir keinen Moment ein zu zweifeln. Diese Sicherheit verdankte ich Rom, wo ich eben herkam, und den drei Richter-Prälaten, die mir am Vorabend in keinem Augenblick den Eindruck machten, als würden sie sich auf Scherze verstehen.[1]

Mit der geographischen Lage wurde es ein bißchen phantastischer. Obwohl eigentlich... Ärgert Euch bitte nicht! Denn für unsere Zeit existiert Partenia auf dieser Erde schon seit Jahrhunderten nicht mehr, nicht einmal in den Questions pour un champion, wie man mir sagt. Doch: Unwissen ist kein Hindernis für den Wissensdurst.

Während Tagen suchte man - in der Öffentlichkeit und in den Medien - auf den Karten und in den Atlanten gierig den Finger auf den versteckten Ort zu legen. Ich selber stürzte mich ebenfalls in diese Suche im Unbekannten. Über Évreux hatte mich der Larousse informiert, aber diesmal...

Vorerst „verlegte" man mich nach Parthenay im Departement Deux-Sèvres, zur großen Freude eines Neffen, dessen Nachbar ich geworden wäre. Dann ging Partenia ins Exil nach Mauretanien und versank im Wüstensand. Schließlich konnte es doch ausfindig gemacht werden, und zwar auf einer Karte des christlichen Nordafrika im 5. Jahrhundert, die ein paar gescheite Geographen ausgegraben hatten.

Wir hatten also einige Schwierigkeiten, Euch zu finden. Die Zeit, undankbar wie sie ist, hat Euch verschwinden lassen, unsichtbar gemacht, hat Euch als eine Art christliches Atlantis untergehen lassen. Euer Name, heute nun fest mit meinem Namen verqickt, ist aus dem Abgrund der Geschichte wieder aufgetaucht, wie eine traurige Fata morgana, ein finsteres Gespenst aus dem Korb des Père Fouettard. Wie auch immer, für mich gibt es Euch. Denn ich frage nicht nach dem Ort, der Größe oder der Geschichte. Ihr seid für mich keine Scheindiözese, auch keine verlorene Diözese, noch weniger eine Diözese, die wieder erobert werden müßte. Ihr seid gar keine Diözese; für mich, Freunde in Partenia, seid Ihr die Welt - wo Ihr Euch auch aufhaltet, in einem islamischen Gebiet oder sonstwo, in den Gefängnissen oder in den Salons, vor meiner Haustüre oder Tausende von Kilometern entfernt. Das ist eine Welt, wie ich sie mag: mit einer großen Weite, ohne

Hindernisse und ohne Schranken, eine Welt für den Menschen und für die Frohe Botschaft. In dieser Weise verstehe ich Euch: Ihr seid überall und nirgends. Und in dieser Sichtweise komme ich heute auf Euch zu.

Man wird Euch beibringen, daß ich diese Reise gezwungenermaßen antrete. Das stimmt. Ehrlich, ich selber wäre nicht auf Partenia gekommen. Zu meinen Gunsten kann ich allerdings anführen, daß ich die Wahl hatte. Denn man schlug mir vor, freiwillig zu demissionieren und in Évreux zu bleiben, etwa mit dem Titel eines „emeritierten" Bischofs, als „ehrenamtlicher" Bischof, als „Spezialfall"-Bischof. Ich betrachte es nicht als ein besonderes Verdienst, diesen Vorschlag abgelehnt zu haben. Ich liebe zwar die Rosenstöcke im Bischofsgarten, aber doch nicht so stark, daß ich sie den lieben langen Tag beschneiden möchte. Ich tendierte deshalb zum „verlegten" Bischof. „Verlegt" ist zweifellos ein häßliches Wort, es schwingt in ihm etwas Autoritäres mit, für mich hatte es wenigstens den Reiz des Unbekannten. Es war mir nicht klar, was es bedeutete und was es aus einem Bischof machte...

Es ist richtig festzuhalten, daß Ihr in den Augen der vatikanischen Archäologen weder eine Auszeichnung, noch eine Belohnung, schon gar nicht eine Beförderung seid. Sie haben ihre Vorräte durchsucht und in ihnen jene schlechte Stelle gefunden, die sich mit der Strafe verbinden ließ, mit der mich die Prälaten in Rom maßregelten. Vielleicht muß ich es Euch nun doch gestehen: Ich bin das Objekt einer „brüderlichen Zurechtweisung", ein Bestrafter, ein bestrafter Bischof. Das ist etwas Rares, denn hinzu kommt, nach der offiziellen Mitteilung, daß ich auch ein unfähiger Bischof bin.

In der gespannten und kalten Atmosphäre, in der meine Richter vorgingen, gab es nicht das kleinste Stück eines blauen Himmels. Du kannst ein gutes Gewissen und einen unerschütterlichen Glauben haben, und es kann deine Moral doch ernsthaft anschlagen, wenn du - nach zwölf Jahren Verantwortung für die Seelsorge - im Rahmen einer knappen halben Stunde erfahren mußt: Sie haben sich als unfähig erwiesen, „das Amt der Einheit auszuführen, das doch die erste Pflicht eines Bischofs darstellt"... und „im Hinblick auf diese Tatsache, haben wir beschlossen, daß Sie morgen, und zwar morgen mittag, von Ihren Verantwortungen in Évreux entbunden werden". Ich gebe zu, ohne mich dessen zu schämen, daß mir in den folgenden Stunden der Name Partenia wie ein zusätzlicher Schlag vorgekommen ist, wie ein fernes, im Nebel des Vergessens verlorenes Land, wie ein Verbannungsort, der ächtet.

Liebe Freunde in Partenia, könnt Ihr mir diese Reaktion aus Verletzung und Enttäuschung verzeihen? Sie stimmt heute für mich nicht mehr. Sie stimmt für mich nicht mehr, weil ich - wie Martin Luther King das gesagt hat - einen Traum habe: den Traum, das Wort der Frohen Botschaft zu allen und überallhin tragen zu können; den Traum, in ein Land zu gelangen - auf der Straße, in den Medien und an anderen fragwürdigen Orten -, wo ich nicht mehr in die strafbare Gefahr gerate, mich in schlechter Gesellschaft aufzuhalten; den Traum, wegfahren zu können, ohne mich darum kümmern zu müssen, ob ich noch in meiner Diözese bin oder bereits das „Fremdland" eines meiner Mitbischöfe betreten habe; den Traum, nicht mehr die Blitzschläge des Heiligen

Stuhls fürchten zu müssen wegen - ich zitiere - „meiner häufigen Reisen außerhalb meiner Diözese". Meiner Diözese? Partenia ist grenzenlos...

„In der Religion gibt es keinen Zwang"

Ich habe einen Traum: Ich kann die Armen, Ausgeschlossenen, die Habenichtse begleiten, ohne mich erklären oder mich vor den Reichen, Besitzenden, Wohlhabenden, Gemütlichen rechtfertigen zu müssen. Ich kann mich dorthin begeben, wohin die Not mich ruft, ohne eine schriftliche Voranmeldung. Ich kann mich gegen das Elend, das Unrecht, die Gewalt, den Waffenhandel und die verordneten Hungersnöte zur Wehr setzen, ohne als „politisch" abgetan zu werden...

Ich habe einen Traum: Ich kann meinen Glauben im Schoß der Kirche, aber auch in der Gesellschaft leben, in meiner Zeit und mit meiner Zeit. Ich bin frei, zu denken, mich auszudrücken, zu diskutieren und zu kritisieren, es gibt keine Zensur. Ich darf in der Einheit ich selber bleiben, einmalig und solidarisch. Ja, ich darf ein befreiendes Evangelium verkünden, ohne deshalb an den Rand gedrängt zu werden...

Ich habe einen Traum, und dieser Traum verwirklicht sich. „Der Papst hat Ihnen einen großen Dienst erwiesen", hat mir jemand geschrieben. „Sie werden nun Ihren Palast verlassen können und von Christus her leben, mit ihm, da, wo er ist." Abgesehen vom Detail, daß mein bischöfliches Zuhause in Évreux kein Palast war, stimmt, was dieser Mann sagt: Rom befreit mich zwar gegen meine eigene Absicht, bietet mir aber mehr, als ich je zu hoffen wagte, mehr als eine Diözese, mehr als einen Bischofspalast. Sie bietet mir Partenia. Vorher hatte man mich angehalten, mich still auf die Strecke zwischen der Rue Saint-Louis und der Kathedrale zu bescheiden: Man klagte mich an, weil ich über die erlaubten Grenzen hinaussah, hörte und sprach, ja, man warf mir vor, mich als Einzelkämpfer auf unbekannte Ufer vorzuwagen, auf Ufer, die als verseucht und ansteckend galten, und nun bietet mir Rom hundertfach, tausendfach mehr. Sie bietet mir Freiraum, Atem und Freiheit. Wo ist Partenia? Was ist Partenia? Wann ist Partenia? Das sind nicht die richtigen Fragen, denn Partenia durchdringt die Mauern, die Länder und die Meere. Partenia löst die Protokolle, die Intoleranz und die Vorurteile auf. Partenia, weit wie die Welt, beginnt und endet nicht an einer bestimmten Stelle. Obwohl ich diesen Ort nicht von mir aus gesucht habe, fasziniert er mich; das ist der Ort, wo ich hingehe.

Ihr seid sicher überrascht zu hören, daß Ihr einst zu meinen Jugendplänen gehörtet. Als junger Seminarist hatte ich den Wunsch, in den Missionen zu arbeiten, irgendwo im Nahen Osten. Als ich mit sechsundzwanzig Jahren Priester wurde, hatte ich diese Idee immer noch im Kopf. Aber der Bischof von Langres fand, daß er mich in seiner Diözsese brauchte und hielt mich zurück. Inzwischen hatte eine Erfahrung mein junges Leben stark durcheinander gebracht, eine Erfahrung, die in dem, was ich geworden bin, schwerwiegt und die Gewicht haben wird bis an mein Lebensende: ein brutaler Schock, bei dem Ihr - natürlich ohne Absicht - wichtig wart...

Denn ich erlebe heute nicht meine erste „Verlegung“ nach Mauretania Sitifensis, mit anderen Worten: in die Kabylei. Ungefähr vor vierzig Jahren befahl man mir, auch auf autoritäre Art, mich dorthin zu begeben, die Uniform war allerdings eine andere und der Auftrag bedrückender, ganz ohne Frohe Botschaft. Es war 1957, ich war noch nicht ganz zweiundzwanzig Jahre alt, und man befahl mir, die französische Präsenz in Algerien mit der Waffe in der Hand zu verteidigen. - Das konnte ich, wohlverstanden, mit meiner religiösen Berufung nicht zusammenbringen. - Ich muß damals das Gebiet von Partenia mehrfach durchquert haben. Und ich habe es nicht nur durchquert, ich bin dort auch während vierundzwanzig Monaten geblieben, weit weg vom Kokon der Familie und der schützenden Instituionen der Kirche, „voll im Wind“ oder, wie ich gern sage: mir selber überlassen... Aber ohne Waffen! Als Offizier SAS (Section administrative spécialisée, Abteilung für spezielle Verwaltungsaufgaben) war ich dem Präfekten von Sétif zugeteilt worden, der in einem Gebiet von etwa dreißig Douars (Nomadendörfern) für die sogenannte Befriedung zuständig war. Ich hatte direkt mit der Bevölkerung zu tun, beschäftigte mich mit Passierscheinen, Schulen, Kranken, Gefangenen, Verschwundenen... Indem ich mich auf diese Art nützlich machte, hatte ich zwar mein persönliches Problem gelöst, aber ich saß nun, auch wenn ich nicht an der vordersten Front kämpfte, auf einem der besten Plätze, um den grauenhaften Schaden dieses Kriegs wahrnehmen zu können. Ich sah das Elend der Bevölkerung, aus der von beiden Seiten Geiseln genommen wurden, die Verwandlung der ganz normalen jungen Leute, wie sie unter dem Druck der Ereignisse verkamen und zu reißenden Tieren wurden, die Atmosphäre der Angst, des Hasses und der Gewalt, die körperlichen und seelischen Wunden, die sich nie mehr schließen würden, die Folter und die Unterdrückung... Heute weiß ich, daß dort, im Gebiet von Partenia, bei mir der entscheidende Groschen gefallen ist: meine absolute Ablehnung jeder Zuflucht zur Gewalt, mein Interesse und mein Engagement für jede Form des gewaltlosen Kampfes. Seitdem hat sich mir eine Überzeugung immer tiefer eingeprägt: Die Gewaltlosigkeit ist die einzige Kraft und die einzige wahre Verteidigung der Armen.

Und ich weiß heute ebenfalls, daß ich dort, im Gebiet von Partenia, erlebt habe, wie aus meinem ererbten Glauben ein innerlicher Glauben wurde.

Aus dieser Zeit bewahre ich viele starke Erinnerungen, auch konkrete Beziehungen. Ich habe meine Freunde nicht verloren; ich stehe mit ihnen in einem regelmäßigen Kontakt, auch heute noch... Und nun, fünfunddreißig Jahre später, werde ich Bischof in Algerien. Das Leben bringt mich zu ihnen zurück.

Brüder im Islam, bei dem, der auf Euch zukommt, handelt es sich um einen Christen. Ich komme mit Empfindungen des Friedens. Ich weiß, daß die Blutströme, die heute über Euch fließen, nichts mit dem echten Glauben des Islam zu tun haben; dieser verlangt weder Verbrechen noch Intoleranz. Ich weiß zudem, daß Ihr in der Kabylei dieses Abdriften ins Kriminelle ablehnt. Ich sage den Christen immer wieder, daß sie die anderen Religionen nicht fürchten, daß sie vor dem, was uns unterscheidet, keine Angst haben sollen. Euch, Brüder im Islam, möchte ich ein sinnbildhaftes Wort vorlegen, das ich im Koran gefunden habe. Die Tradition will, daß ein Bischof ein Wappen und einen Wahlspruch für seine neue Diözese bestimmt. Da ich auf solche herrschaftlichen Zeichen nicht viel gebe, habe ich es damals für Évreux nicht getan. Auch heute noch habe ich kein Bedürfnis, mein Wappen aufzupolieren oder nach den Waffen, und seien es rein dekorative Waffen, zu greifen. Aber ich möchte, daß diese Worte, die Worte des Korans (Sure 2, Vers 256), meinen Wahlspruch bilden und uns brüderlich verbinden:

> „In der Religion (sollten wir über andere) keinen Zwang" ausüben,
> weder vorschnell noch aus Verletzung heraus (was ja schwer zu unterscheiden ist).

Ich bin der Fremde, der an Eure Gastfreundschaft appelliert. Ich weiß, daß wir verschieden sind und daß man vorgibt, unser Glaube würde uns einander entfremden. Könnte uns der Glaube nicht vielmehr einander annähern, dank der Liebe, die er enthält? Hinzu kommt, daß man mich zu Euch wie einen Pestkranken schickt, der um jeden Preis entfernt werden muß. Wollt Ihr mich aufnehmen? Ertragt Ihr einen Bischof, der zurechtgewiesen, „verlegt" und abgesetzt wurde, einen Bischof SDF (sans diocèse fixe - ohne feste Diözese)? Ich stehe vor Euch mit leeren Händen, ohne Schmuck, ohne mein Kreuz und meine Mitra, die ich in der Kathedrale von Évreux zurückgelassen habe. Ich leide nicht an den leeren Händen, ich hatte nie viel an symbolträchtigem Gepäck; meine Freunde und ich machten uns immer darüber lustig. Ihr kennt mich nicht, und ich bitte Euch um Vertrauen. Oder sind die Neuigkeiten und Gerüchte auch schon bis zu Euch gekommen? Da wird ein Bischof der Schande und des Skandals angeklagt, dieser Rebell und Anstifter von Unruhen... Da wird ein Dickschädel in Sachen Frohbotschaft verteidigt, der mit vielen anderen darunter leidet, daß sich die Kirche, statt mitzudenken, in ihren Prinzipien und in ihrer Moral versteift.

Liebe Freunde in Partenia, Christen, Moslems, Juden und Nicht-Gläubige, ich komme, um die Brüderlichkeit zu leben. Für Euch und mit Euch werde ich ganz einfach „Jacques" sein. Ich will nicht, daß mein Amt unseren Gespräch behindert. Ich werde versuchen, ohne Hintergedanken unter Euch zu sein, ohne diese Maske des Prälaten, die es ihm erlaubt, sich jederzeit hinter dem offiziellen Wort der Institution in Schutz zu bringen.

Wenn manche unter Euch Wert darauf legen, mich als „Père" anzureden, sollen sie es tun, obwohl Jesus uns vor diesem Titel warnt und ihn für sich selber nicht in Anspruch nimmt. Ob nun Père oder Monsignore - so lautet der Titel, der sich seit Jahrhunderten für die Bischöfe eingebürgert hat - oder Jacques, wesentlich ist, daß Ihr zu mir sprecht und nicht zur kirchlichen Autorität, die ich darstellen soll.

Die Jahre, die ich in Évreux verbrachte, waren für mich große und schöne Jahre des Dienens, ein kraftvolles Abenteuer, das Abenteuer des Evangeliums, mit reichen Stunden und quälenden Sorgen. In meiner Erinnerung bewahre ich den Glanz der ersten, aber keine Verbitterung wegen der letzteren. Ich wollte ich selber bleiben und für eine Kirche kämpfen, die offen ist für die Zukunft, die der Versuchung zum Rückzug nicht nachgibt, für eine Kirche mit einem menschlichen Gesicht, mehr tolerant und weniger kalt, ohne Tabus und ohne Verbote.

Man hat mich zu Fall gebracht. Aber dieser Sturz hat bewirkt, daß sich nun andere Christen, die schon zu lange verzweifelt waren, zu Tausenden erhoben haben. Dank ihnen ist es nicht zu Ende. Der Weg ist nicht verbaut. Einmal hat mir jemand gesagt: „Wagen Sie sich, stecken Sie Schläge ein, aber schweigen Sie nicht!" - Ich werde nicht schweigen. Es gibt keinen Bruch und keine Selbstverleugnung. Ihr werdet mich zu hören bekommen, Freunde in Partenia. Es geht weiter, und zwar mit Euch, wo Ihr auch seid...

Wenn mir von Partenia erzählt würde

Wenn man will, kann man die Geschichte wie ein Märchen erzählen: Es war einmal, zur Zeit, als die Christen über Afrika herrschten, Partenia: ein Kreuz, eingepflanzt in Mauretania Sitifensis, in den Bergen der Kabylei, ein bescheidenes Kreuz unter den unzähligen anderen Bischofssitzen, die jeweils kaum größer als eine Pfarrei, damals Nordafrika bedeckten. Von dieser Diözese weiß man praktisch nichts, weder die Zeit der Entstehung noch den genauen Ort... was für jemanden, dem Grenzen egal sind, bedeutungslos ist. Partenia wird, nach den Aussagen der Fachleute, in der alten Geschichte nur ein einziges Mal erwähnt, nämlich im Jahre 484. In diesem Jahr ruft Hunnerich, ein König der Vandalen und der Eroberer dieses Teils von Afrika, die Bischöfe in seinen Palast nach Karthago. Unter dem Vorwand, die Probleme zwischen der Lokalkirche und dem Klerus, den er mitgebracht hat, lösen zu wollen, verfolgt und verjagt der König die kirchlichen Würdenträger. Unter den Verjagten gibt es auch einen Rogatus aus Partenia...

Ein schwarzes Märchen. In Wirklichkeit war dies nur der Endpunkt einer sehr harten Auseinandersetzung, die die Kirche dieses nordafrikanischen Gebietes während des vierten Jahrhunderts in Flammen gesetzt hatte. - Das ist doch vorbei, sagt Ihr mir... Nein, leider ist dies viel weniger in den alten Katakomben der Geschichte vergraben, als es scheint. Denn schon diese „Affäre“ brachte die zwei fundamentalen, bis heute geltenden Fragen ins Spiel: die Frage nach der Toleranz und die Frage nach dem Verhältnis von Kirche und Staat. Es lohnt sich tatsächlich, die Zeitmaschine in Fahrt zu bringen. Um was es dabei geht? - Fest verwurzelt in ihrem afrikanischen Gebiet, bestritten der Bischof Donatus und später die Anhänger des „Donatismus“ die Autorität jener Bischöfe, die zur Zeit der Verfolgungen unter Diokletian bereit gewesen waren, der römischen Besatzungsmacht die heiligen Bücher auszuliefern. Der Konflikt zwischen den „reinen und strengen“ Donatisten auf der einen Seite und der katholischen Kirche, die den alten „Verrätern“ vergeben hatte, auf der anderen Seite verschärfte sich mit der Zeit und führte zu beachtlichen theologischen Auseinandersetzungen, bei denen sich jeder auf Gott und die authentische Tradition der Kirche berief. Es entstand ein Klima des Hasses und des Kampfes und endete in einem Bürgerkrieg... Als der heilige Augustinus in Hippo zu wirken begann, hatte die Gewalttätigkeit ihren Höhepunkt erreicht: Die Donatisten bezogen sich auf die Tradition der Märtyrer, verherrlichten das Opfer und setzten vielfach den Mord und den rituellen Selbstmord ein. Diese „Starrköpfe“ und von der „Reinheit“ Besessenen wollten auf keinen Fall jenen gehorchen, die als Amtsträger von jenen Bischöfen herkamen, die sich durch den Kontakt mit den Heiden die Hände schmutzig gemacht hatten. Voller Eifer, sogar um den Preis des eigenen Blutes, wollten sie eine Kirche der „Heiligen“ errichten. - Kommt Euch das nicht bekannt vor?

Konfrontiert mit dieser Kirchenspaltung, stand Augustinus vor einem Problem, das immer noch aktuell ist: Muß man gegen die Feinde der Toleranz tolerant sein? Und welchen Preis darf es kosten, die notwendige Einheit der Kirche herzustellen? Man hat vor allem festgehalten und uns überliefert, welche Meinung der Heilige am Schluß vertreten hat; am Anfang allerdings versuchte er, einen Dialog mit den Schismatikern aufzubauen, öffentliche Debatten zu organisieren und versöhnliche Kompromisse zu vermitteln. Doch angesichts des Terrors, den die Donatisten gegen die Bevölkerung ausübten, entschied sich Augustinus zurückzuschlagen, indem er sich auf den kaiserlichen Terror stützte. Denn inzwischen hatte sich das Römische Reich, die weltliche Macht, mit der Kirche, der geistlichen Macht, zusammengetan.

Terror gegen Terror. Dieser schicksalshafte Mechanismus hat sich durch die Jahrhunderte fortgesetzt: Augustinus kämpfte gegen die Verunsicherung des Volkes durch die Extremisten und kam schließlich dazu, das zu rechtfertigen, was später zur Verunsicherung desselben Volkes durch die kaiserliche Autorität wurde. Die Unterdrückung war schrecklich, auch wenn er versuchte, sie zu mildern... Sein eigentlicher Fehler war, zu vergessen, daß es neben dem kirchlichen Problem - das auf keinen Fall mit Gewalt gelöst werden konnte - auch den Problembereich politischer, ökonomischer und sozialer Art gab. Denn die Donatisten, die sich für eine reine Religion einsetzten, wehrten sich auch gegen den übertriebenen Reichtum und verteidigten die ausgebeuteten und verarmten Berber gegen die reichen römischen Kolonialisten.

Diese Ungerechtigkeit verschärfte den religiösen Konflikt - gibt es einen Unterschied zum Algerien von heute? - und trieb ihn zum Höhepunkt. Die Kirche selber sah keine Probleme in solchen sozialen Unterschieden und verbündete sich total mit der weltlichen Macht, ein unglückliches Bündnis! Denn die Theorie der „gerechten Verfolgung", die Augustinus in diesem Zusammenhang entwickelte, sollte später, vor allem im Mittelalter, jeden Machtmißbrauch rechtfertigen, der im Namen der kirchlichen Einheit verübt wurde. Damit sind wir bei einer Fehlentwicklung, die der neutestamentlich biblischen Gesinnung der Gewaltlosigkeit radikal entgegensteht und schließlich zum Horror der Inquisition führen sollte. - Ich muß Euch gestehen, Freunde in Partenia, daß es mich sehr berührt, nun an einem Ort Bischof geworden zu sein, an dem diese in meinen Augen fundamentalen Werte der Toleranz und Gewaltlosigkeit unterzugehen begannen.

Die weitere Geschichte des christlichen Partenia löst sich auf mit der Invasion der Araber im 7. Jahrhundert und mit der intensiven Islamisierung der nordafrikanischen Gebiete. Seitdem hat sich, christlich betrachtet, nichts mehr getan, außer daß die verlorene Diözese in den Registern des Vatikans als ein fiktiver Besitz weiterexistiert, dessen Verwaltung einem Titularbischof zukommt.

Ein kleiner Blick in die Geschichte: Einer meiner Vorgänger in Évreux, Bischof Caillot, intervenierte ein einziges mal während des Zweiten Vatikanischen Konzils, und zwar mit dem Ziel, von Rom die Aufhebung solch anmaßender Vorstellungen zu verlangen. Wie man sieht: Man hörte nicht auf ihn.

Nun bin ich also Bischof geworden *in partibus infidelium* (im Gebiet der Ungläubigen). Ich bitte Euch, diesen unerfreulichen Ausdruck zu vergessen. Er stammt aus einer anderen Zeit und reimt sich mit „Kreuzzug“... Sogar Leute, die mir nicht gut gesinnt sind, geben zu, daß dieser Ausdruck nicht zu den Dingen paßt, die man mir vorwirft.

Freitag, der dreizehnte, Rue Saint-Louis...

Liebe Freunde, wißt Ihr, wie man vom Zustand eines ordentlich „installierten" Bischofs in den Zustand eines „verlegten" (strafversetzten) Bischofs gelangt? Nichts Einfacheres! Vierundzwanzig Stunden haben mir dafür gereicht, plus ein paar Wochen Sturm.

Donnerstag, 12. Januar 1995: Rom hat sich immer vorgestellt, ich sei allein. Ich war es in der Kurie vor den drei Prälaten-Richtern, ohne den Beistand eines Advokats. Ich war es vor den Anklageschriften, die auf dem Schreibtisch aufgeschichtet waren. Und ich war es noch stärker, als der Urteilsspruch fiel.

Freitag, 13. Januar: Zurück in Évreux. Jetzt drängt man sich um den, der in Rom allein gewesen ist. Eine Menge des Trostes. Man geht sorgsam mit mir um, man tröstet mich. Ich bin zwar nicht auf die Leiter gebunden worden, aber ich habe die Mühle des Vatikans erlebt. Das scheint in den Konsequenzen offensichtlich noch schwerer zu sein.

Es sind die Minuten - die ersten - einer Totenwache. Die Besucher stehen unter einem Schock. Eben haben sie den plötzlichen Tod erfahren, eine Todesnachricht im Stil von *RTL*, *Europe 1* oder *France-Info*. Sie betreten die Eingangshalle des Bischofshauses auf den Fußspitzen, irren still herum oder flüstern mit gesenkter Stimme. Man umarmt mich, Tränen in den Augen, man ringt um

Worte, das ist das Schlimmste... Ich habe den Eindruck, meiner eigenen Beerdigung beizuwohnen - mit dem einen Unterschied: Die Tatsache, daß der Tote wohlauf und bei guter Gesundheit ist, beginnt die Stimmung der Trauernden anzuheben...

Nach den Wünschen in Rom hätte es genauso zu Ende gehen sollen: in einer stillen Trauer. Doch Rom weiß es noch nicht: Die Welt hat sich verändert. Die Presse, die ihre Meldungen auszuposaunen beginnt, richtet sich im bischöflichen Haus ein. Und die Aktualität hat keinen Sinn für Trauer und Trauerzeiten. Zwei gegensätzliche Welten kreuzen sich auf kleinstem Raum, ohne sich in die Quere zu kommen.

Und dann mischt sich alles. Von draußen kommt Verstärkung. Die Front derer, die sich weigern, so etwas zu akzeptieren, nimmt zu. Das Erschrecken macht der Bewegung Platz, die Lähmung der Lust auf Leben. Das Bischofshaus beginnt zu vibrieren, wie ein Uhrwerk, das wieder aufgezogen wurde.

Seit zwölf Jahren ist dieses Haus, Nr. 35 der Rue Saint-Louis, mit seiner langen, gutbürgerlichen Fassade, nie stillfromm gewesen. Gegen das schwere, geschnitzte Portal sind immer wieder die Nachwirkungen meines bewegten Lebensweges gebrandet. Die Räume selber sind nichts Besonderes. Es ist eines der friedlichen Häuser, wie es sie in allen Kleinstädten gibt, mit den glänzenden Parkettböden, die nach Bohnerwachs duften, mit den dicken Mauern, die im Sommer die Kühle bewahren, und mit dem Park und seinen hundertjährigen Bäumen. Eigentlich wirklich ein Haus, in dem man still für sich leben kann. Aber es hat schon längere Zeit seine Berufung zum Halbschlaf verloren: Nach jeder Aufregung, für die dieser Gaillot sorgte, ist das ehrwürdige Haus von Schaudern erfaßt worden: Besuche, Botschaften, Schlachtvorbereitungen. Und der Postbeamte - alle, die mir geschrieben haben, sollen ihn bedauern - legt hier seine schweren Säcke voller Briefe ab. Er macht keinen Unterschied zwischen Beschimpfung und Lob, nur mir scheinen die einen Säcke schwerer, die anderen leichter...

Freunde schauen vorbei: berühmte - Ibrahim Souss, Schwester Emmanuelle, Präsident Aristide... - oder unbekannte. Dann gibt es die Reisenden am Ende der Nacht, deren Probleme gelöst werden sollten, auch wenn sie gelegentlich unlösbar sind: anonyme Menschen in Not, Immigranten, die verfolgt werden, politische Flüchtlinge, Heimatlose, Einsame, denen man alles genommen hat, sie alle klopfen jederzeit an die Türe, bitten um Hilfe, vielleicht auch um Unterkunft, sie füllen ohne Unterbrechung die sechs Zimmer der obersten Etage.

Doch das Erdbeben, das heute das Bischofshaus in Bewegung bringt, ist von einer ganz anderen Schwingung. Die Fernsehstationen wollen alle zur selben Zeit eine Direktübertragung, die Rundfunkstudios wollen eine Stellungnahme, die Photographen wollen Exklusivrechte. Es ist zum Lachen, wenn man es sich überlegt: Genau die Leute, die mir vorwerfen, zu viel in der Öffentlichkeit aufzutreten und zu viel zu sprechen, lassen mich nun durch ihre Maßnahme alle meine bisherigen Popularitätsrekorde brechen - ohne daß ich diesmal etwas dafür kann.

Kein Zimmer bleibt von diesem Strudel verschont, nur die kleine Kapelle entzieht sich dem Eindringling. Sie ist in diesen aufregenden Tagen mein einziger Ort der Sammlung.

Wir alle werden ergriffen, hin und her gerissen, überrannt, überspült. Es gibt nur noch ein paar wenige Worte: Telefon, Fax, Übertragung, Mikrophon, Fernsehen, Interview, Photo... Das Bischofshaus stampft wie ein trunkenes Schiff, und doch läuft alles. Es herrscht eine verrückte Stimmung. Von draußen kommen immer noch mehr und erneut die Signale eines befreiten Wortes.

Sonntag, 15. Januar: Auf den Appell der Diakone hin finden sich vor der Kathedrale fünftausend Personen zusammen. Es ist nicht im eigentlichen Sinn eine Kundgebung, eher ein Lebenszeichen der Wunsch, zusammenzusein, zu spüren, daß man lebt. Für ein paar Augenblicke hat sich das Bischofshaus geleert. Ich bin allein, doch dann zieht mich der Klang von Stimmen nach draußen: Durch die Rue Saint-Louis ergießt sich eine Menge wohlwollender Menschen. Ich gehe ihnen entgegen, eine spontane Begegnung, intensive Minuten.

In meinem Büro im ersten Stock türmen sich die Kisten mit den Briefen, mit Tausenden von Briefen, aus der ganzen Welt. Die Telephonzentrale ist überlastet, das Fax steigt aus. Statt einzuschläfern, hat der Keulenschlag aus Rom wachgemacht. Alle diese Leute, diese Gefährten, gestern wie nicht vorhanden, fordern nun von mir zehnmal mehr Kraft. Sie kämpfen, diskutieren, gruppieren sich, sammeln Unterschriften und handeln. Vorerst wie betäubt, beginne ich allmählich zu reagieren.

Dieses Gebrodel dauert bis zum Sonntag, den 22. Januar, dem Tag meines Abschiedsgottesdienstes in der Diözese von Évreux. Die Kathedrale ist schwarz vor Menschen.

Tausende von Gläubigen sind gekommen: aus allen Ecken Frankreichs, aus Deutschland, Belgien und versammeln sich nun auf dem von Regen und Wind leergefegten Platz vor der Kathdrale. Sie sind der Beweis dafür - werde ich ihnen sagen -, „daß diese Strafmaßnahme eine außerordentliche Schockwelle ausgelöst hat. Von jetzt an kann man nicht mehr entscheiden und wählen, ohne Euch einzubeziehen, sei es in der Kirche, sei es in der Gesellschaft."

Auch diesmal betone ich, wie am Tag nach meiner Absetzung, daß ein solcher Moment einer großen Bewegtheit und einer großen Einheit einen Tag der Hoffnung darstellt und nicht einen Tag der Bestattung, vielleicht sogar den Anfang von ganz großen Dingen für jene, die zugunsten einer weltoffenen Kirche kämpfen. Und ich erwähne sie auch in meiner Ansprache...

„Wir sind hier versammelt, um das Buch des Lebens zu öffnen. Das Wort Gottes ist Licht für unseren Weg, es ist ein Wort, das die Herzen jener, die verletzt sind, heilt und frei macht.

Wir wollen keinen Haß und keine Gewalt in uns tragen.

Unser Herz ist nicht für den Haß gemacht.

In Japan zittert die Erde, in Tschetschenien zerfleischen sich die Menschen, junge Arbeitslose irren durch die fahlen Vorstädte - das ist schon genug Not für Gott.

Weint nicht. Trauert nicht. Dieser Tag ist ein Tag des Festes und der Freude.

Die Welle des Vertrauens und der Solidarität, die von ganz unterschiedlichen Leuten ausgegangen ist, ist zu einem Klang der Hoffnung geworden.

Die vergangenen Ereignisse haben die tiefen Sehnsüchte offengelegt, die in der Gesellschaft und in der Kirche auf ihre Entfaltung warten.

Die Sehnsucht nach Meinungsfreiheit, nach dem Recht, verschieden sein zu dürfen, nach dem Respekt vor der Würde jedes einzelnen, nach der Demokratie. Das sind Werte, die viele einfordern und erwarten, denn sehr oft handeln und entscheiden die Verantwortlichen, ohne die Leute zu berücksichtigen."

„Für den Bischof von Évreux ist die Messe zu Ende" lauteten die Schlagzeilen der Zeitungen. Doch ich verkünde feierlich, daß ich deshalb noch lange nicht stehenbleiben werde:

„Was ich mit Euch gelebt habe, hier, in der Diözese von Évreux, was ich an anderen Orten gelebt habe, bei allen möglichen Situationen und Gelegenheiten, zeigt mir klar, daß die Worte Christi der einzige Weg für unseren Auftrag sind. Kein Christ, keine Gemeinschaft, keine Kirche hat eine Chance, als Träger der Frohen Botschaft gehört zu werden, wenn er oder sie nicht in erster Linie und vor allem auf die Not der Menschen zugeht.

Kein Mensch, keine Gemeinschaft, keine Kirche, der oder die nicht in erster Linie und vor allem zum Bruder eines jeden Menschen wird, kann den Weg zum Herzen des anderen finden, zu jenem geheimen Ort, wo die Frohe Botschaft aufgenommen werden kann.

Was mich betrifft, so werde ich, in Gemeinschaft mit der Kirche, meinen Weg fortsetzen, um die Frohe Botschaft zu den Armen zu tragen..."

Liebe Freunde in Partenia, so sind die Ereignisse zu Ende gegangen, die mich heute zu Euch führen: in einer Art Genesungsfieber, in einer Feier der Solidarität. Am selben Ort, wo zwölf Jahre zuvor alles begonnen hatte: Rue Saint-Louis.

Während dieser Zeit, weit weg von Évreux, hat man das Ausmaß der Flut vorerst nur nach der Höhe bemessen. Trotz der Alarmmeldungen, die ständig eintrafen, und trotz der Signallichter, die auf Rot wechselten, wollte man - um einen Ausdruck aus der Welt des Sports zu benützen - Zeit schinden. Als man mich absetzte, rechnete man nicht damit, bei den Gläubigen eine so breite Protestwelle auszulösen... Dann setzte man darauf, daß ihr sehr bald der Atem ausgehen würde. Einige haben sogar offen davon gesprochen, daß die Reaktionem und Kundgebungen von der Presse „aufgebauscht" worden seien, daß das Fieber in den Mikrophonen höher gestiegen sei als auf der Straße, daß es eigene Journalistenverschwörungen für mich gegeben habe, ganz professionell hätten sie angeheizt. Es handelt sich immer um dieselbe Kritik an der Zauberkunst der Medien. Noch zwei Wochen nach meiner Entlassung hörte Rom die Stimmen immer noch nicht, die sich von fast überall in Frankreich und in anderen Ländern Europas zu Wort meldeten. Ihr Klang drang immer noch nur schlecht durch die „Mauern der Unfehlbarkeit".

Aber die Straße ist nicht zur Ruhe gekommen. Und der Schlag ins Gesicht, so brutal verabreicht, ist noch nicht vergessen.

Die verteufelten Medien

Ihr wißt es, meine Freunde: Man wirft mir vor, das Image des Bischofs im Feuer der Medien zu zerstören, mich zu stark auf das Fernsehen einzulassen, mich selber im Scheinwerferlicht der Show-Größen zu verlieren. Diese Anschuldigungen tönen gelegentlich wie eine eigentliche Anklage. Die großen Inquisitoren der Medienwelt zeigen mit ihrem Finger auf die teuflischen Sendungen, die freizügigen Zeitschriften, die ganz und gar nicht mehr frommen Zeitungen und machen aus mir, der es wagt, in ihnen vorzukommen, einen Zerstörer des Glaubens; ich bin derjenige, der Anstoß erregt.

Der Inhalt meiner Aussagen zählt für sie wenig. Daß ich darauf achte, den tiefen Sinn meines Auftrags in keinem Moment zu verraten, ganz unabhängig vom Ort, der Umgebung oder dem speziellen Anlaß, und daß ich das Wort Gottes an die größtmögliche Zahl von Menschen herantrage - das läßt sie kalt. Es sind kleinliche und gefühllose Zensoren. Sie verdammen, was inszeniert und kostümiert ist. Sie regen sich auf, weil ich mich an vermeintlichen Orten der Verdammnis aufhalte. Sie wettern gegen den Priester, der sich - mit einem kleinen Kreuz am Revers der Jacke - vor keinem schlechten Umgang zu fürchten scheint.

Ich war stets überrascht vom Lärm, den meine Auftritte im Fernsehen zur Folge hatten. Von ein paar wenigen Ausnahmen abgesehen (z.B. das Gespräch mit Eugen

Drewermann), bezog sich der Lärm immer nur auf die Form, den Stil, die Art der beanstandeten Sendung, was weiß ich... Auf den tieferen Grund, auf die Botschaft, die ich hinüberzubringen versuche, achtet man nicht. Das sollte man aber meiner Meinung nach nicht beiseite lassen. Wenn man mich auf der Mauer von *Frou-Frou* (sehr ungeschickt) sprayen sieht, verhüllen sich die frommen Seelen mit einer traditionellen Brille ihre Augen und schreien wegen des Skandals. Es bedeutet ihnen wenig, daß ich vor Millionen von Fernsehzuschauern eine Ostersonne zeichne, eine Botschaft des Glaubens und der Hoffnung. Ein Sprayer-Bischof, das gehört sich nicht...

Wenn man mich in Unterhaltungssendungen, die normalerweise ein bedeutend breiteres Publikum erreichen als das Wort zum Sonntag, lachen sieht, beklagt man diese „Häresie" - als ob ein Bischof keinen Sinn für Humor haben dürfte, als ob es ihm verboten wäre, an der Freude der Leute teilzuhaben. Weshalb sollte er nicht das Recht haben, in diesen Studios zu sagen, was er zu sagen hat? Gibt es Orte, die für die Frohe Botschaft verboten sind?

Im Jahre 1988 sagte ich zu, als mich ein Journalist des *Gai-Pied* um einen Artikel bat, mit dem Thema: „Kann man heute katholisch und homosexuell sein?" Ich kannte diese Zeitschrift nicht, aber das war mir nicht wichtig. Ich ließ ihm einen Artikel zukommen. - Ich will Euch jetzt ein Geheimnis anvertrauen: Der genau gleiche Artikel (wirklich, der gleiche, Wort für Wort) war in der Woche zuvor in *La Croix* veröffentlicht worden. Nur der Rahmen war also ein anderer. Und es gab einen Skandal... Als ob das Wort Christi, ein Wort der Toleranz und der Freundschaft, als ob die Gute Nachricht und die Botschaft der Brüderlichkeit nur für ein paar wenige reserviert wäre. Ich weiß, daß mir dieser Beitrag - auf den verbotenen, berüchtigten Seiten jener Zeitschrift - in den oberen Kreisen Roms am meisten geschadet hat: Pater Calvet, ein linientreuer Mönch von Barroux, hat die Verkaufszahlen des *Gai-Pied* sicher ansteigen lassen, als er am 28. September 1990 mehrere Nummern der Zeitschrift in den Büros der vatikanischen Kurie verteilte.

In alle Zeitschriften, in die ich Eingang gefunden habe, hat mit mir auch die Kirche Eingang gefunden. Ich habe einen Dialog eröffnet, an einem ungewohnten Ort. Was macht ein Pfarrer anderes, der in Paris ein Lokal eröffnet, und zwar genau an der Place Pigalle? Das *Resto du Curé* - eingeklemmt zwischen zwei Sex-Shops - bildet eine Oase der Mitmenschlichkeit in dieser spirituellen und seelischen Wüste, die in einem traurigeren Zustand ist als die Wüste, die heute Partenia bedeckt. Der Pfarrer der Place Pigalle verpflichtet niemanden zum Gebet, aber über dem Lokal gibt es eine Kapelle.

Wenn man sagt, daß das Evangelium allen und überall verkündet werden muß, ist jedermann einverstanden. Aber wenn es darum geht, sich auch auf ungewohnte Weise vorzuwagen - dann ist das eine andere Geschichte...

Wovor haben wir Angst?

Die Kirche spricht regelmäßig davon, „die Herausforderung der Medien aufzugreifen“, aber faktisch haben diese Vorschläge keine Konsequenz. Hartnäckig schaut die Kirche voller Verachtung auf diese „Meinungsmacher" und ergreift die schnellste Fluchtmöglichkeit, wenn sie sich von der Presse vorgeladen fühlt. Ist es zum Beispiel ein Zeichen der Öffnung, wenn wir (französische) Bischöfe in Lourdes Jahr für Jahr „geschlossen" tagen, wenn wir unsere Konferenz nur hinter verschlossenen Türen durchführen? Weil die Kirche so akribisch auf der Hut ist und allem mißtraut, was sie nicht kontrollieren kann und sich nicht in ihrem eigenen Umfeld entwickelt, wird sie en Kontakt zur Welt der Kommunikationsmittel verlieren, kurz gesagt, zur Welt selber. Fühlt sie sich herausgefordert und außen gedrängt, bestimmt sie nicht mehr selbst das Thema, hat es nicht mehr souverän im Griff und verfügt nicht mehr über die ihr gewohnten Mittel der Kommunikation. Statt daß sie sich etwas weniger stark fühlt, verzichtet sie lieber darauf, sich weltoffen zu erklären und verständlich zu machen, und verwickelt sich in ihrem sterilen Mechanismus: Sie bezweifelt, was sie nicht kennt, und was sie nicht kennt, will sie nicht kennenlernen.

Das ist nichts Neues, diese Rückzugshaltung. An der Festtafel der „Teufelsmedien" speist die Kirche seit langem mit langstieligen Löffeln. Und das Problem besteht darin, daß eigentlich alle - mit Ausnahme der Kirche - diese Tafel genießen, sogar ohne Besteck. Ist diese Feststellung richtig, so bleiben meines Erachtens zwei verschiedene Haltungen: Entweder versteift sich die Kirche weiterhin auf ihre splendid isolation, nimmt die Zeichen der Zeit nicht zur Kenntnis, widmet sich eifrig der Redaktion der Pfarrblättchen und ignoriert oder verdrängt, daß sich draußen das Leben ohne sie abspielt... - oder sie öffnet sich der heutigen Zeit und profitiert, im guten Sinn dieses Wortes, von allen Möglichkeiten, mit denen sie sich im aktuellen Leben engagieren kann.

Es handelt sich immer um das selbe Dilemma: Entweder wir bleiben in der Kathedrale, oder wir gehen auf die Straße. Aus Treue zu mir selber habe ich meine Wahl getroffen: Ich trete in den Medien auf, um auf die Menschen zuzugehen, um mit jenen in Berührung zu kommen, die die Kirche sonst nie berührt, um die Kirche aus ihrem Getto herauszuführen und ihr zu helfen, in jenen Elementen, die heute zum Wachstum des einzelnen beitragen, gegenwärtig zu sein... Es wäre wunderbar, wenn sich auch andere Bischöfe - nicht immer dieselben - in den Medien zu Wort melden würden, und zwar in großer Zahl und öfter. Wenn sich die Medien für einen Vertreter der Kirche interessieren, heißt das, daß die Kirche noch von Interesse ist. Darüber sollten wir uns freuen, statt davor zurückzuschrecken. Ich versuche das Bild einer toleranten, offenen Kirche zu vermitteln, einer Kirche, die den Dialog mit der heutigen Welt anstrebt. In der Gesellschaft tauchen ständig Fragen auf. Was ist daran Schlimmes, wenn nun jemand versucht, Antwortmöglichkeiten an sie heranzutragen.

Liebe Freunde in Partenia, ich kann nicht abschätzen, ob ihr das eigentliche Problem versteht. Denn das Medienfieber dürfte in Euren Bergen eher selten ausbrechen. - Ich höre bereits den Spott meiner Kiritiker, die tun, als ob sie mich bedauern würden: „Wie wird er es schaffen, diesen Mangel auszuhalten? Er wird Entzugserscheinungen bekommen, dieser Fernsehsüchtige!" - Sie können sicher sein: Nach allem wird mir diese „Entgiftung" gut tun.

Nur möchte ich festhalten: Ich renne den Medien nicht nach. Ich bettle nicht darum, interviewt zu werden oder an einer Sendung teilnehmen zu können. Im Gegenteil: Man drängt mich dazu, und ich gebe mein Einverständnis (und auch nicht immer). So ist das! Und das geht nicht immer ohne Risiko und ohne blaue Flecken ab. Ich weiß auch nicht, ob es mir immer gelingt, aus diesem Dschungel von Bildern und Tönen unverletzt herauszukommen. Oft wird man nervös oder verliert den Faden. Wer einmal in diesem Koloss steckt, wird unweigerlich auch Spannungen und Verdrehungen ausgesetzt sein, die ihn, auch wenn er selber dafür keine Verantwortung trägt, mindestens indirekt betreffen. Ich selber betone oft, daß es mir viel leichter fällt, in der Kathedrale zu predigen, als im Rahmen einer Fernsehsendung aufzutreten, wo ich den Ablauf nicht bestimmen kann (es liegt mir auch fern, dies zu wollen!): Ich kann nicht über die Fragen verfügen, nicht über die Zeit, die mir gegeben wird, und nicht über die Technik, die Montage. Aber ist das ein Grund, sich nicht in die Arena zu begeben?

Einmal ehrlich: Wovor haben wir Angst? Vor einer Falle? Es heißt ja oft: „Gaillot ist wieder in die Falle gegangen." Solche Aussagen stimmen mich tief traurig. Wenn man sich einladen läßt, geht man Risiken ein; man ist nicht der Leiter des Spiels, und man bestimmt nicht über die Fragen. Gut, und ich akzeptiere diese Risiken. Und offen gesprochen: Ich habe nicht den Eindruck, daß mir die Journalisten im allgemeinen „Fallen stellen". Ich habe im Gegenteil bei vielen von ihnen eine große Fähigkeit gefunden, zuhören zu können, und ich habe von ihnen gelernt. Ich bin zwar nicht immer mit allen ihren Kommentaren einverstanden, aber das gehört zu dieser Art Sendungen.

Wovor haben wir Angst? Daß wir keine ideale Figur machen? Daß wir eingeordnet werden, daß uns widersprochen wird, daß wir gelegentlich auch angegriffen werden? „Ich bin gesandt worden, die Frohe Botschaft bis ans Ende der Welt zu tragen", sagte Paulus, der Apostel der Völker. Letztlich sind auch wir Apostel in den Fußstapfen des Paulus. Und Jesus hat sein Leben hergegeben, damit das Wort die heidnischen Völker erreichen kann. Um die anderen Menschen erreichen zu können, und zwar alle anderen, müssen auch wir bereit sein, immer mehr zu geben, schließlich uns selber zu geben, ohne mit einer Gegenleistung zu rechnen. Wie ein Gewürz müssen wir bereit sein, unter alle möglichen Saucen gemischt zu werden, sogar wenn sie gelegentlich eher sauer als süß sind. Wir sind ja nicht für uns selber Kirche, sondern für die anderen. Und die Medien sind wirklich das beste Mittel, das uns zur Verfügung steht, um die anderen zu erreichen. Allerdings müssen wir die Illusion aufgeben, wir könnten jene, die uns in den Medien Gastfreundschaft gewähren, kontrollieren. Wenn die Medien uns aufnehmen, umso besser, - lassen wir uns aufnehmen, ohne Vorurteil und ohne Bedingung. „Im Fernsehen aufzutreten verlangt viel Distanz zu sich selber", sagt Gabriel Ringlet.[2]

Wichtig ist, daß wir wahr sind und das sagen, was uns bewegt, und immer wieder das Wort verkünden.

Die große Familie

Liebe Freunde in Partenia, früher oder später wird man Euch in einem geheimnisvollen Ton und in sehr eigennütziger Absicht von mir erzählen und sagen:

„Jacques Gaillot hat zwei Leben hinter sich. Zuerst das Leben eines unbedeutenden Priesters, schön an der Wärme im Schoß der Kirche. Ein tadelloser Lebensweg, ohne Widerhaken. Dann, ohne daß man genau den Grund weiß, ändert er den Kurs und steuert sein Schiff voll in den Sturm."

Falls man gut informiert ist, liefert man Euch auch ein paar Einzelheiten: „Er ist Pfarrer in Saint-Dizier, gleichzeitig auch Professor am Seminar in Châlons, dann am Seminar in Reims, wo er etwas später auch Leiter des Seminars wird. Dann wird er im Rahmen des liturgischen Instituts zum Verantwortlichen für die Weiterbildung der Priester, schließlich wird er Generalvikar der Diözese Langres. Noch gibt es nichts auszusetzen: Gaillot singt im Schoß der Kirche ohne die leiseste falsche Note. Außerhalb des Kreises der „Initiierten" hört niemand seine Stimme und kennt ihn niemand, ebensowenig in der Diözese Eure wie sonstwo - und für die Diözese Évreux wird er 1982 im Alter von sechsundvierzig Jahren zum Bischof ernannt. In dieser Diözese, in Évreux, kommt es dann zur zweiten Geburt von Jacques Gaillot."

Diese „zweite Geburt" - die mich in einem sehr beträchtlichen Maß verjüngt, was gar nicht so unangenehm ist - bringt alle durcheinander. Man sucht nach einer vernünftigen Erklärung dafür: Man möchte den entsprechenden Weg dorthin und die entsprechende Entwicklung dingfest machen. Man möchte auch ein besonderes Geheimnis entdecken: Man verdächtigt mich, vorher nicht offen gespielt, meinen Ärger ständig verdrängt, während Jahren gekonnt und bewußt geschwiegen zu haben, - was weiß ich!

Meine Antwort ist einfacher, und mein Charakter war nie etwas besonders Geheimnisvolles: Ich stand nie unter einem speziellen Programm, weder um Bischof von Évreux zu werden, noch um sagen zu können, was ich jetzt sage, noch um tun zu können, was ich jetzt tue. Und ich habe auch jetzt keine besonderen Programme. Als ich nach Évreux kam, wußte ich nicht, daß mich das Leben schütteln würde. Ich handle bloß nach meinem Herzen und nach meinen Überzeugungen, angeleitet durch das Evangelium. Und ich gehe dorthin, wo die Menschen und Ereignisse mich hinrufen. Ist das alles so unwahrscheinlich, so schwierig zu verstehen?

Ein einziges Faktum hat, wenn ich das so sagen darf, alles verändert: das Faktum, daß ich 1982 ein „kirchlicher Würdenträger" geworden bin. Aber wenn auch bestimmte Ereignisse eine spezielle Signalwirkung besitzen und mir als Bischof sich nun neue Horizonte eröffneten, so weiß ich doch, daß ich schon immer in mir trug, was mich heute beseelt.

Am 20. Juni 1982 erhalte ich in der Kathedrale von Évreux den Hirtenstab, die Mitra und den Bischofsring.

Zahlreiche Christen aus dem Departement Haute-Marne sind hergereist: Sie stellen mich den Christen der Diözese Évreux vor. Menschen, die mir einen Auftrag erteilt haben, vertrauen mich nun anderen Menschen an, und ihre Äußerungen sind kraftvoll:

„Gaillot, wir kennen ihn. Sie werden sehen: Er ist ein TGV" (das französ. Pendant zum ICE). Diese Menschen haben nie mit Bildern gegeizt, wenn es um mich ging, mit Bildern aus allen Bereichen: „4 x 4 der Religion" nannten sie mich, oder sie sagten: „Der entschlüsselt alles, was die Kirche verschlüsselt hat"...

Ein Arbeiter aus der Diözese Langres erklärt am Mikrophon: „Leute aus der Diözese von Évreux, mit Ihrer Ruhe ist es vorbei! Eines Abends ist Père Gaillot zu mir nach Hause gekommen. Wie schon andere Mitglieder unserer Gruppe hatte er mich gefragt, ob ich es vielleicht annehmen würde, Diakon zu werden. Nun war notwendig, daß auch meine Frau damit einverstanden war. Nicht mehr und nicht weniger. Wenn in diesem Augenblick vor unserem Haus eine Bombe explodiert wäre, hätte das vermutlich keine größere Wirkung gehabt. Meine Antwort war die gleiche wie die der anderen, die er gefragt hatte: warum ich? Père Gaillot wirkte so überzeugend und gewinnend, daß man schließlich damit einverstanden war, das Abenteuer gemeinsam mit ihm zu wagen. Während der Jahre der Vorbereitung auf das Diakonat war er bei allen unseren Treffen gegenwärtig, informierte uns und leitete uns bei unserer Ausbildung. Jeden der Schritte ging er mit uns. Manchmal heißt es, Jesus Christus sei unbequem, stoße vor den Kopf und bringe unser Leben durcheinander. Leute aus der Diözese von Évreux,

Sie meine ich, wenn ich nun sage: Mit Ihrer Ruhe ist es vorbei. Denn Père Gaillot wird für Sie unbequem sein. Wenn Sie schlafen, wird Sie Père Gaillot wecken. Er wird an Ihre Türe klopfen, und wie wir werden Sie ihm sagen: Treten Sie ein. Dann werden auch Sie in die Enge getrieben, auch Sie werden eingekeilt, auch Sie werden einverstanden sein."

Ich mußte diese Warnung meines Freundes aus dem Gebiet von Haute-Marne an Euch weitergeben, denn, ehrlich gesagt, zwischen Langres und Partenia habe ich mich noch nicht groß verändert. Und ich will es Euch gestehen: Ich habe die Absicht, auch weiterhin für das Unvorhergesehene offen zu bleiben, für die Zeichen, die Gott auf meinen Lebensweg gestellt hat.

„Es ist an uns, das Begonnene fortzusetzen"

In der Zwischenzeit, ich will es gleich gestehen, bin ich in Évreux rückfällig geworden. Jesus hat gelebt, um den Sinn für Freiheit und Freimut zu wecken. Das ist auch unsere Aufgabe. Während der zwölf Jahre, die ich dort verbrachte, und mit allen Mitteln, die mir zur Verfügung standen, habe ich versucht, den Leuten selber das Wort zu geben, ihr Bewußtsein zu wecken und die einzelnen sich selber und den anderen näherzubringen. Ich habe dies versucht, indem ich selber möglichst oft mit dabei, aber gleichzeitig darauf bedacht war, ganz leicht zu wiegen. Das heißt: Ich übte auf ihre Fragen, Diskussionen und Entscheidungen keinerlei Druck aus - besonders während unserer Synode, die drei Jahre - von 1988 bis 1991 - dauerte. Mit dem wachsenden Freiraum für ihr Handeln und Reden übernahmen sowohl die Priester als auch die Laien immer mehr an Verantwortung. Ganz langsam haben sie die Diözese in die eigenen Hände genommen: Überall in den Pfarreien bilden sich aktive Gemeinschaften, die z.B. Gruppen organisieren für die Vorbereitung auf die Taufe oder auf die Hochzeit, die die Arbeit der Katecheten koordinieren, die sich um die Finanzen bemühen oder um den Kontakt mit den Politikern. Es sind wirkliche Initiativen ergriffen worden:

Die von einem Diakon ins Leben gerufenen „Ateliers de la solidarité" (Werkstätten oder Orte der Solidarität) knüpfen von Bezirk zu Bezirk ein dichtes Netz von Nachbarschaftshilfe.

In den „Réseaux réciproques" (Netzwerk der Gegenseitigkeit) geben die einzelnen einander ihr Wissen und Können weiter: Kochen, Mathematikaufgaben, Lektüre, Maurerarbeiten, Schneidern...

Die von Laien gegründete „Association Myosotis" (Gemeinschaft Vergiß-mein-nicht) hat gegenüber dem Gefängnis einen Anbau gekauft. Er wird für die Angehörigen der Gefangenen zu einem echten Ort des Friedens und des Trostes. Hier wird mit den Kindern gespielt, während sich die Mutter ins Besuchszimmer begibt, hier tröstet man einen Vater oder eine Verlobte nach einem schwierigen Besuch, oder - ganz einfach - man teilt eine Tasse Schokolade. Früher mußten die Angehörigen auf dem Gehsteig warten, unter den gelegentlich aufdringlichen Blicken einer Kleinstadt.

Das „comité de solidarité" (Solidaritätskomitee) engagiert sich dank der Anregungen von Anne-Marie, einer

Ordensfrau, in vielfältigen sozialen Aktionen: Unterkunft für ein gefährdetes Mädchen, Asylrecht für einen Flüchtling, Wohnungssuche für eine Familie, Beistand auf den Ämtern... Aus diesem Komitee ist die Gruppe „Pause café" (Pausenkaffee) hervorgegangen, bei der es ums Zuhören und die gesellschaftliche Wiedereingliederung geht. „Die Wiedereingliederung kann nicht von Außen kommen, wir selber müssen sie zustande bringen", sagte ein ehemaliger Strafgefangener. „Aber das gelingt nur, wenn wir sprechen und uns anvertrauen können." Dafür hat man das „Pause café" geschaffen.

Ich zweifle, Freunde in Partenia, daß ihr von dieser Arbeit im Alltag, von dieser Sorge um die Menschlichkeit, für die sich die Christen der Diözese eingesetzt haben, je habt sprechen hören. Ihr seid zuweit weg.

Nun war es aber auch wichtig, daß sich diese Ortskirche, kraftvoll und aktiv wie sie war, öffentlich zu Wort meldete und Stellung bezog: zu den Problemen am Ort, aber auch zu den Lebensfragen und zu den tragischen Ereignissen. „Sobald Ihr sprechen werdet, werde ich schweigen", pflegte ich zu den Leuten meiner Gemeinde zu sagen. Am Anfang lachten sie bloß. Sie hatten noch nicht genug Vertrauen zueinander, außer wenn ich vermittelte. Doch dann merkten sie, daß es möglich war, auch wenn es nicht immer einfach war. Ein paar Beispiele:

Ein Gemüsebauer hatte einen Dieb umgebracht. Und nun schien es uns zunächst, daß sich nur jene Leute zu Wort meldeten und zu hören waren, die dieses Tun verteidigend rechtfertigten. Viele Christen spürten aber eigentlich den Drang, ganz anders zu reagieren, zumindest das

Gespräch auch auf Fragen zu lenken wie: „Gibt es ein Recht auf diese Art von Selbstjustiz? Sind ein paar Rüben das Leben eines Menschen wert?“ Da diese Meinung sehr unpopulär war, wagten sie nicht, öffentlich zu sprechen.

Ähnlich die Geschichte rund um die Zulagen, die die Politiker für die „Familien jener Asylanten, die unter dem Verdacht standen, straffällig geworden zu sein“, streichen wollten. Die Christen waren hierzu geteilter Meinung. Auf der einen Seite erschien ihnen diese Maßnahme ungerecht, auf der anderen Seite neigten sie zur Ansicht, daß diese Angelegenheit doch eigentlich Sache der Politiker sei. Sie glaubten zudem, daß die Einwohner der Städte - in dieser Krisenzeit - kaum ein am Evangelium orientiertes Wort akzeptieren würden. Schließlich verfaßten sie aber doch einen Text - einen sehr klugen Text -, nachdem auch ich Stellung bezogen hatte, da mich einige Lokaljournalisten interviewten, die über das Schweigen der Kirche von Évreux gegenüber diesem ernsten Problem der Menschenrechte erstaunt und verwundert waren.

Ein anderes Beispiel: Nach dem Mord an einem kleinen Mädchen und nach einer lautstarken Gemeindegründung der Zeugen Jehovas - zwei Ereignissen, die je auf ihre Art zu großen Aufregungen führten - bat mich der Pastoralrat um eine Stellungnahme. „Ihr seid die Kirche. Sprecht Ihr! Ich werde anschließend meine Meinung kundtun“, war meine Antwort. Und sie handelten entsprechend. Ich war sehr glücklich darüber: Man ist nie enttäuscht, wenn Christen das Wort ergreifen.

Diese Freiheit, sich auszudrücken und die Initiative zu ergreifen, wollte ich bis zum Ende bewahren. Recht viele

Gläubige in Évreux waren daher über meine „brave Folgsamkeit“ gegenüber Kardinal Gantin erstaunt. Sie fanden, ich hätte zu schnell nachgegeben. Ich antwortete, daß ich doch weder dazu verpflichtet sei, mich zu verteidigen, noch dazu, mich über die Strafe hinwegzusetzen. Mich in einem harten Kampf, in dem es um meine Person geht, persönlich zur Wehr zu setzen und mich selbst zu verteidigen und mich anschließend zu behaupten hätte niemandem gedient, am wenigsten den Christen der Diözese Évreux, die ihrerseits bereit waren, mit allen Mitteln gegen Rom zu kämpfen. Genau aus diesem Grund wollte ich an keiner ihrer Aktion persönlich teilnehmen. Ich ließ daher die Vereinigungen und Gruppen sich ohne mich organisieren. Mein Platz war in diesem Fall nicht bei ihnen. Sie sollten nach ihrem eigenen Gewissen handeln. Ich wollte weder durch meine Gegenwart noch durch irgendeinen Satz ihre Entscheidungen lenken.

Vielleicht habe ich aber in den Tagen nach meiner Absetzung einige Menschen, die mir nahe standen, enttäuscht: Ich ließ mich von den Journalisten belagern, und einige Freunde wurden es müde, auf mich zu warten. Sie wollten im Hinblick auf die Strategie, die sie ergreifen sollten, meine Meinung erfahren, während ich überzeugt war, daß sie trotz ihrer Bestürzung über diesen Eklat fähig wären, den gegenwärtigen Moment zu erfassen und die Zukunft zu sichern, und zwar die Zukunft der Kirche von Évreux, nicht jedoch die Zukunft von Jacques Gaillot.

Und heute höre ich mit großer Befriedigung, daß sie im Namen der Solidarität, der Brüderlichkeit und der Liebe bekräftigen: „Es ist an uns fortzusetzen, was Jacques begonnen hat.“

Tatsächlich fahren die Gläubigen der Diözese Évreux weiter, sich im Rahmen jener wichtigen Optionen zu engagieren, die unsere Synode formuliert hat: „In Treue zum Evangelium bestätigt die Diözesankirche für alle Bereiche des Lebens ihre Option für die Ausgeschlossenen und Ärmsten, sowohl bei uns als auch in der Dritten Welt. Das ist ein Kampf, den jeder Jünger Jesu führen muß: für die Würde eines jeden Menschen, für die Wahrheit und für die Gerechtigkeit in der Verteilung der Güter und des Reichtums.

Im eigenen Bereich will die Kirche von Évreux dieses Engagement in folgender Art mittragen:

- durch die Ämter, Ernennungen und Verantwortungen, die den Laien anvertraut werden,
- durch die finanziellen Entscheide,
- durch die Art und Weise des Gemeindelebens,
- sie unterstützt, daß die Ausgeschlossenen an der Ausarbeitung aller Projekte, die sie betreffen, selber teilnehmen."

„Die Partitur ist hervorragend, aber das Orchester spielt falsch"

Wenn ich sage, daß ich allein nach Partenia gehe, arm und durch die rote Karte von meinen Funktionen ausgeschlossen, stimmt das nicht: Ich vergesse dann die Priester und die Diakone, die den Vorsatz haben, mich zu begleiten. Ich vergesse all die Christen, die entschieden haben, ihre kirchliche Unterstützung von nun an meiner neuen Diözese zukommen zu lassen. Und ich vergesse den eigentlichen Schrei, den gewaltigen und lautstarken Protest, der aus der Sanktion, die mich getroffen hat, entstanden ist. Versteht mich bitte richtig: Es war nie mein Wunsch, daß sich dieses Ereignis auf mich beschränkt. Es ist nicht meine Person, um die es geht. Man muß über die Affäre des Bischofs von Évreux hinauskommen und darf nicht auf seine Absetzung fixiert bleiben.

Das Problem, soweit es meine Person betrifft, hat kein Gewicht. Das Wesentliche liegt an einem anderen Ort, nämlich bei den Tausenden von Menschen, die man - in meiner Person - erledigen wollte und die sich heute wieder aufrichten. Trotz ihrer Wunden und trotz ihrer Leiden melden sich nun diese „Stimmlosen", wie Abbé Pierre sie oft beschworen hat, hörbar zu Wort. Zu lange hat man sie übersehen, mißverstanden oder verachtet. Man hat sie behandelt wie eine Quantité négligeable. Rund um die „Affäre Gaillot" oder durch sie aufgeweckt, melden sie sich nun engagiert und laut zu Wort. Dies ist die klassische Geschichte von dem berühmten einen Wassertropfen, der das Faß zum Überlaufen gebracht hat. Denn sie sind der betroffenen Überzeugung, daß die Kirche dieses Mal die existentiellen Wünsche eines Teils ihres Volks nun wirklich zu stark außer acht gelassen hat und daß die Kirche nicht mehr das Recht hat, so zu tun, als ob sie über Gott, Christus, das Evangelium und Menschen frei verfügen könnte.

Diese Leute sind nicht einfach meine bedingungslosen Anhänger, sozusagen „Gaillot-Fans", nach einer heute gebräuchlichen Wendung. Ganz und gar nicht, und das ist auch besser so. - Die Botschaften zu meiner Unterstützung und die vielfältigen Solidaritätsbekundungen enthalten oft auch Kritik oder Vorbehalte gegenüber gewissen Formen meiner Tätigkeit. Aber der Sturm aus dem Vatikan hat diese eher geringfügigen Meinungsverschiedenheiten nun weggefegt. - Das gilt sowohl für die Gläubigen der Diözese Évreux, die sich gedemütigt vorkommen, weil sie zuschauen müssen, wie ihr Bischof ohne die geringste Rücksprache mit den lebendigen Kräften der Diözese entlassen wird. Das gilt auch für alle anderen Christen, die heute protestieren. Sie wollen nicht mehr wie Kinder behandelt werden, denen man einfach sagt: „Er und Ihr habt den falschen Weg eingeschlagen. Bemüht Euch nicht um Verständnis. Gehorcht!" Sie sind erwachsen und ertragen diese Zurechtweisungen nicht mehr, die ihnen von oben herab an den Kopf geworfen werden. Sie reflektieren und verspüren das Bedürfnis, die Zusammenhänge zu verstehen. Sie verlangen, sich frei äußern zu können, - und man antwortet ihnen: 'Ihr seid nichts.'

Der Vatikan mag mich verschiedener Fehler anklagen, gegen mich Vorwürfe zusammentragen und eine Strafe verhängen - er kann nicht übersehen, noch weniger verneinen, daß im Schoß der Kirche eine öffentliche Meinung geboren worden ist. Sie zeigt sich unübersehbar darin, daß sie mich verteidigt und mich wissen läßt, daß ich unter den Christen nicht allein bin. Sie zeigt sich aber - in einem tieferen Sinn, der weit über diese Affäre hinausgeht - auch darin, daß sie eine Kirche der Freiheit fordert, in der man miteinander sprechen kann, ohne sich gegenseitig verurteilen zu müssen, und eine Kirche des Wagnisses, die in der Dynamik der Evangelien lebt.

Man wirft mir unter anderem, vor, gegenüber der Institution und den Bischöfen „zu viel Distanz gezeigt“ zu haben. Nur habe nicht ich den Graben ausgehoben! Richtig ist: Ich habe darauf verzichtet, an Ort und Stelle, eingehüllt in die Würde meines Amtes, zu erstarren. Ich bin in die Arena gestiegen. Wenn ich die Realitäten des Lebens bewußt aufnehmen will, die Schwierigkeiten der Leute, ihre Leiden, ihre Wünsche, ihre Bedüfnisse, und zwar überall, wo sie sich befinden, und unabhängig von ihren religiösen Einstellungen - wenn dies alles bedeutet, der Kirche gegenüber „zu viel Distanz zu zeigen“, so bekenne ich mich schuldig. Wenn ich mich den Ausgeschlossenen und Unterdrückten nähern, denjenigen, die es am meisten brauchen, meine Hand entgegenstrecken, den Verzweifelten und Gefangenen zur Seite treten, die von der Kirche nicht Aufgenommenen aufsuchen will - wenn dies bedeutet, ein fremdes Ufer aufgesucht zu haben, so bekenne ich mich schuldig.

Aber ist dies wirklich die Distanz, nach der nun gefahndet wird? Ist dies nicht vielmehr die Distanz, die mehr und mehr die Kirche winterlich, eingemauert in ihren Sicherheiten, frostig und autoritär erscheinen läßt, vom christlichen Volk trennt, das ein beschlagnahmtes Wort und eine geknebelte Freiheit nicht mehr akzeptiert? Die Leute, die heute offen protestieren, verlangen eine menschliche und mit ihrer Zeit echt verbundene Kirche. Liegt die eigentliche Distanz nicht zwischen der abgehobenen, lebensfernen Darstellung einer überlebten Moral und Amtsausübung auf der einen Seite und mündigen Gläubigen, die dies nicht mehr akzeptieren können, auf der anderen Seite? Ist die eigentliche Distanz nicht jene, die uns von den Gläubigen trennt?

Die offizielle Kirche reagiert, als ob sie von einer inneren Auseinandersetzung, von einem Dialog über unterschiedliche Meinungen das Schlimmste befürchten müßte. In unserem bischöflichen Team in Évreux lief die Auseinandersetzung ständig. Und in den einzelnen Gemeinden werden Synoden abgehalten, Ordensleute und Laien bringen Vorschläge, übernehmen aktiv Verantwortung und nehmen an den Entscheidungen teil, die über die Zukunft der Diözese bestimmen. Und mit Abstimmungen schließen wir die Diskussionen ab. Wie können wir es zulassen, daß das Herz, das an der Basis der Kirche so lebendig schlägt und ein Vorwärtsschreiten ermöglicht, an der Spitze der Kirche kein angstfreies Echo hervorruft? „Da oben" registriert man keinerlei Impulse, außer wenn sie mit der „offiziellen Linie" übereinstimmen. Man erteilt Befehle und verlangt blinden, kindlichen Gehorsam. Robert Solé schreibt in *Le Monde*: „Die katholische Hierarchie ist als ein durchorganisierter Block konzipiert, mit ihren Versammlungen, Kommissionen und Wortführern. In den wesentlichen Punkten gibt es keinen Pluralismus."

Man hat im Schritt zu marschieren. Hat nicht jener Theologe recht, der behauptet, die Religionen würden „an einer Diskussionsallergie leiden"?

Es geht nicht darum, die Fundamente des Gebäudes in Frage zu stellen. Alle diese Gläubigen, die sich eine größere Freiheit wünschen, respektieren in ihrem Engagement die Institution. Sie träumen nicht davon, sie zurückzuweisen. Auch ich selber stehe nicht im Verdacht, das Dogma malträtiert zu haben - sogar meine römischen Richter haben mir das zugestanden. Ich glaube nicht, daß ich meinen evangelischen Auftrag je verfehlt oder irgendeine Botschaft verkündet habe, die quer zu meinem Apostolat steht. Ich habe nie eine Trennung oder einen Bruch gewünscht. Mein Ort ist in der Kirche. Sie ist meine Familie. Und ich werde ihr weiterhin mit allen Kräften dienen. Dank ihr habe ich die Frohe Botschaft und den Weg der Brüderlichkeit entdeckt. Ich sehe mich überhaupt nicht als Kopf einer abweichenden Lehre. Und meinen Gegnern, die mir gelegentlich vorwerfen, ich würde für eine andere Kirche predigen, antworte ich, daß das falsch und nicht wahr ist: Ich predige, damit „die Kirche eine andere" wird.

Die offizielle Kirche aber benimmt sich, als ob die Zeit stillgestanden wäre, als ob die ganze gesellschaftliche Entwicklung nicht verstanden und nicht aufgegriffen werden könnte, als ob ihr vielmehr grundsätzlich entgegenzutreten sei. Müssen wir dies akzeptieren?

In Wahrheit ist eine solche Haltung der Kirche nicht mehr akzeptabel; die Kirche darf in dieser Unbeweglichkeit nicht länger verharren, es sei denn, wir wollen, daß die Distanz zu den Menschen jeden Tag noch größer wird, und es sei denn, wir entscheiden uns, wort- und tatenlos zuzuschauen, wie sich die Kirche auf eine Insel zurückzieht, eingemauert in ihrer Vergangenheit. Tausende von Christen stellen sich nun dem entschieden entgegen. Deshalb strömen sie durch die Bresche, die die Affäre Gaillot geöffnet hat.

Meine letzte Unhöflichkeit

Man hat Euch sicher wissen lassen, daß Ihr heute einen Bischof erbt, der kein Benehmen hat. Ich rede, wenn ich schweigen sollte, und schlimmer: Ich rede über Probleme, die mich nichts angehen. Als Priester bin ich doch nur ein gehirnloser Funktionär. Ich habe mich nicht um die Dinge zu kümmern, mit denen sich sonst alle auseinandersetzen (Aids? Kenne ich nicht!). Ich antworte auf Fragen, die mir eigentlich gar nicht gestellt werden dürften, und schlimmer: Ich bin nicht einmal beleidigt und mache mir auch keine Sorgen über den Ort, an dem ich mich befinde (aha, Frou-Frou!). Ich mache krank, wenn ich versuche, einfach zu sein. Ich schockiere, wenn ich ehrlich bin. Ich empöre, wenn ich nach draußen gehe. Aber vor allem, vor allem: Ich vergesse, die Erlaubnis einzuholen!

Lacht nicht, meine Freunde in Partenia! Das alles mag Euch exotisch vorkommen. Aber ich bin nun mal auf dem Altar der kirchlichen Einheit, einer Einheit um jeden Preis, geopfert worden; und da ist es doch wirklich nicht undenkbar, daß meine schlechten Manieren eine Rolle spielten.

„Sicher haben Sie die Bischöfe von Haiti aufgesucht?" fragte mich Monsignore Jean-Louis Tauran am 12. Januar, anläßlich der Gerichtssitzung. Von Haiti war ich eben gekommen. Während eines sehr kurzen Aufenthaltes hatte ich für *France 2* eine Sendung über das Schicksal der Kinder gestaltet. Aber in Rom fragte man mich nicht nach den Kindern und ihrem Elend. Man hatte vielmehr Protokollsorgen. Nein, ich hatte die Bischöfe nicht aufgesucht, aber ich hatte ihnen geschrieben. Allem Anschein nach genügte das nicht.

Das war meine letzte Unhöflichkeit als Bischof von Évreux, mein letzter „Seitensprung". Ist das wirklich so wichtig? Braucht es für einen Bischof ein ihm vorbehaltenes Terrain, ein eingezäuntes Privatgrundstück? Nimmt er denn nicht an einem weltweiten Auftrag teil? Sollte er nicht dort handeln, wo er sich eben befindet oder wo die aktuelle Not ihn hinruft? Muß er auf das grüne Licht der Institution warten, auf die Drahtzange, auf den Passierschein? Passen die Vorstellungen strengster Diözesangrenzen überhaupt noch in das Ende des 20. Jahrhunderts? Was sollen sie noch bedeuten, wenn heute dank der Stimmen und Bilder der Medien die Welt an jedem Punkt gegenwärtig ist?

Ich selber habe keinen Kastengeist und keinen Besitzerinstinkt: Wenn sich Kardinal Gantin mehrere Male ins Departement Évreux begab, und zwar ohne mich, den Ortsbischof, zu informieren, habe ich nicht protestiert. Ich aber war beim goldenen Weihejubiläum seines Freundes P. Raymond Naguet nicht erwünscht, scheint es; ich war auch nicht eingeladen, als im Dezember 1993 die Mönche der Abtei Bec-Hellouin unter seinem Vorsitz die

Gelübde ablegten. War das für mich ein Problem? Sicher nicht. Ausgenommen, daß ich mich heute - gezwungenermaßen - frage, ob der Kardinal, wenn er sich so ausschließlich auf das „Anti-Gaillot“-Gelände ‘meiner’ Diözese begab, nicht Gefahr lief, ein sehr unausgewogenes Glockengeläute zu Gehör zu bekommen.

Meine Brüder im Bischofsamt wären in meiner Diözese willkommen gewesen, auch ohne die üblichen Formalitäten. Heute steht ihnen Partenia offen. Sie sind meine Gäste, ob ich nun davon weiß oder nicht.

Ein bischöfliches Solo?

Als Bischof von Partenia in Algerien bleibe ich Mitglied der französischen Bischofskonferenz. „Eine Situation, die nicht der Realität entspricht“, sagt Ihr vielleicht. Doch letztlich bleibt auf diese Art die Verbindung zu den anderen Bischöfen, und das ist wesentlich. Man hat mich ja oft angeklagt, ich würde gerade diese Verbindung unerträglichen Spannungen aussetzen. Ich hätte mich zu einem Einzelkämpfer gemacht und würde die Solidarität mit den Bischöfen angreifen. Aber muß man sich denn in einer sehr vordergründigen Einheit verschanzen? Muß man selber schweigen, weil sich auch von den anderen niemand zu Wort meldet? Muß die Stimme eines Bischofs unerbittlich die Stimme seines irdischen Meisters sein? Eine Stimme muß nicht unstimmig sein, nur weil sie sich den anderen Stimmen nicht in allen Punkten anpaßt. Warum soll es notwendig sein, daß wir alle nach demselben Muster gemacht sind, daß wir alle dieselben

Empfindugen und im selben Moment dieselbe Entrüstung spüren? Sind wir Roboter, Geschöpfe mit einer vorprogrammierten, ferngesteuerten und so auf jeden Fall kollektiven Sensibilität?

Kardinal Joseph Ratzinger, der Präfekt der römischen Kongregation für die Glaubenslehre, steht nicht im Verdacht, besonders liberal zu denken, aber auch er vertritt in einem Interview mit *La Vie* die Meinung, daß „die Existenz von verschiedenen Strömungen notwendig erscheint, andernfalls könnte es zu einer gefährlichen Uniformität führen... Die christliche Botschaft ist universal. Sie wendet sich demzufolge an ganz verschiedene Menschen. Es ist normal, daß es ganz unterschiedliche Wege gibt: Denken wir nur an die Unterschiede zwischen dem heiligen Paulus und dem heiligen Petrus, dem heiligen Johannes und dem heiligen Markus. Es ist für die Kirche etwas Natürliches, über unterschiedliche Ausdrucksweisen zu verfügen, das zeigt sich in der Freiheit, mit der einzelne und Gruppen sich zum Ausdruck bringen. Die Universalität der Kirche verlangt deshalb den Pluralismus. Andernfalls wäre die Kirche nicht universal."

Wenn ein Bischof mit den Menschen kommunizieren und an den gesellschaftlichen Auseinandersetzungen teilnehmen will, kann er nicht gleichzeitig Warte- und Bedenkzeiten respektieren, die ins letzte Jahrhundert gehören. Wenn dir die Journalisten ein Mikro unter die Nase halten und sich die Kameras auf dich richten, kannst du dann - du glaubst ja, mit deiner Äußerung etwas Nützliches zu tun - den Vorhang niedergehen lassen und erst einmal auf ein gemeinsames, mühsam zusammengestückeltes Wort warten, was Wochen bräuchte, bis eine Kommission es verabschiedet hat? Im Laufe der Zeit lauwarm geworden und verloren in der mitreißenden Strömung der Aktualitäten, interessiert es niemanden mehr. Oder müssen wir uns - wie bei der Armee - in ein großes Schweigen hüllen und eingestehen, daß ein Bischof gegenüber der Institution und dem Vatikan tatsächlich nicht anders dasteht als ein Soldat: verpflichtet zu blind-folgsamem Gehorsam? Kann man, darf man einem Bischof so wenig trauen, daß er sich außerhalb des kollektiven Einklangs nicht äußern darf?

Ich erinnere mich an die Fragen, die mir jemand in einem Brief geschrieben hat: „Worin soll die Einheit im Schoß der Kirche, die Solidarität unter den Bischöfen, bestehen? Bedeutet sie - im Stil der großen Versammlungen des stalinistischen Sowjets von einst - die eher erschreckende Vision einer anonymen Masse, deren Denken durch eine eiserne Disziplin festgelegt worden ist? Oder bedeutet sie im Gegenteil die Möglichkeit, sich auseinanderzusetzen, zu diskutieren, gemeinsam einen Weg zu finden und gleichzeitig die Persönlichkeit eines jeden, seine Originalität und seine Art und Weise, für das Evangelium einzustehen, zu schützen?"

Ich glaubte und glaube an diese zweite Möglichkeit. Um mich an meine „Pflichten" zu erinnern, zitiert man mir gegenüber immer wieder den „brüderlichen Rat" - in den Mitteilungen des Vatikans figuriert er allerdings als strenge Ermahnung -, den mir der Papst bei unserem Ad-limina-Besuch im Jahre 1992 gegeben hat: „Es reicht nicht, außerhalb des Chors zu singen. Man muß auch gemeinsam mit den andern singen." Heißt das, daß man im Schoß der Kirche nicht sich selber sein kann...?

Ich bin immer im Kontakt mit den anderen Bischöfen - und mit ihnen um den Nachfolger Petri geschart. Aber warum sollte es deshalb im Schoß der Kirche keine Redefreiheit geben, vor allem im Hinblick auf gesellschaftliche Fragen? Einheit, das heißt nicht: Alle Bischöfe sagen über alles das Gleiche, und zwar im gleichen Stil und zur gleichen Zeit. Einheit, das heißt nicht: „Ich will nur noch eine einzige Mitra sehen!" Ein autoritäres Funktionieren dieser Art hat nicht die Züge der evangelischen Freiheit.

Ich will mich nicht auf das kleinliche Spiel einlaßen, das lautet: „Das habe ich nicht gesagt, das war der andere." Das ist lächerlich und jetzt auch zu spät. Aber ich möchte doch festhalten: Wenn mir bei den Bischofsversammlungen auf die Finger geschlagen wurde, weil ich mich wieder gar nicht wie ein Bischof benommen hätte - wie der Journalist Serge Lafitte sagen würde -, war ich jeweils sehr allein und von der „brüderlichen", kirchlichen Solidarität ausgeschlossen.

Und als ich im April 1994 durch Monseigneure Duval verwarnt wurde, erhielt ich von seiten der Bischöfe keinen einzigen mitbrüderlichen Brief, kein einziges Zeichen der Freundschaft. Wo war da die Solidarität, die man im Schoß der Kirche so gern betont? Mit diesem Schweigen machte man mich zum Außenseiter. Über lange Zeit schon galt ich als das schwarze Schaf unter den Bischöfen, als derjenige, der systematisch protestierte, der sich immer gegen die Voten des Papstes stellte, der solo spielte. Nach außen mag das wahr gewesen sein. Im Hinblick auf das, was sich hinter den Kulissen abspielte, stimmte es nicht. Ich kann es mit mehreren Beispielen belegen:

Wenn wir es wagen würden, von unseren Zweifeln zu sprechen

Mein Engagement für die Palästinenser in den besetzten Gebieten schockierte die öffentliche Meinung, auch meine Begegnung mit Arafat. Fünf Jahre später empfing der Papst den Führer der PLO als Staatschef, und Israel anerkannte ihn als Gesprächspartner in diesem Friedensprozeß, der nur schwer in Gang zu bringen war.

Wenn ich vom Leiden der Geschiedenen, die sich wieder verheiratet haben und nun von der Eucharistie ausgeschlossen sind, spreche, erzähle ich nichts Neues. Ich spreche nur laut aus, was viele andere ebenfalls denken. Die Bischöfe Nordfrankreichs, zu denen ich gehöre, haben in Rom mehrfach verlangt, daß diese Anordnung geändert wird.

Dasselbe gilt für Kondome als Hilfsmittel im Kampf gegen Aids. Hierzu überlasse ich den Kommentar Serge Lafitte, einem Journalisten von *L'Actualité religieuse*: „Für die Kirche kennt das Verbot des Kondoms keinerlei Ausnahme. So lautet zumindest die offizielle Version. Denn mehrere Bischöfe haben eine andere Meinung hören lassen, die der Ansicht ihres unruhigen Mitbruders nahekommt. Ihre Meinung haben sie allerdings, wie nur allzu oft, sehr gewunden zum Ausdruck gebracht und, ohne das betreffende Wort auszusprechen, so daß man nicht ganz sicher ist, ob sie das bekräftigt haben, was sie gesagt zu haben scheinen." Es dreht sich immer alles um den Buchstaben und nicht um den Geist. Und auch das ist nichts Neues.

Im Jahre 1984 verabschiedete die französische Bischofskonferenz in Lourdes den Text „Gagner la paix" (Den Frieden gewinnen). Sieben Bischöfe hatten gegen ihn gestimmt. Die Sitzungen hatten hinter verschlossenen Türen stattgefunden. Aber die Journalisten kontaktierten nun mehrere Prälaten, von denen sie vermuteten, daß sie sich gegen diesen Text gestellt hatten. Mich rief *Libération* an. Ich stand Rede und Antwort und präzisierte, daß dieser Text die Kernenergie legitimieren würde. Die anderen der Opposition zogen es vor, keinen Kommentar abzugeben. Es war ihr Recht zu schweigen, und es war mein Recht zu sprechen.

Im Oktober 1988 wollte ich, wieder mit meinen Bischofskollegen in Lourdes, unbedingt über die Fragen der verheirateten Priester und der Weihe von verheirateten Männern sprechen. Ich unterstrich dabei meine Hirtensorge angesichts der Tatsache, daß immer weniger Priester geweiht würden, und betonte, daß nicht der Status des Priesters den Ausschlag geben dürfe, sondern die Bedürfnisse der Gemeinden. Warum sollten wir weiterhin die ehemaligen, nun verheirateten Priester mit ihrem Wissen und ihren wertvollen Erfahrungen ignorieren? Weil ich mich äußerte, fiel ich natürlich auf. In der Post, die ich anschließend in Évreux erhielt, waren 2010 Briefe, die meinen Vorschlägen zustimmten, 560 von ihnen stammten von Priestern, elf von Bischöfen.

Ich habe - „vertraulich" - immer gewußt, daß mehrere Bischöfe, auch wenn sie meine Methode und meine Auftritte in den Medien nicht guthießen, nicht weit von meiner eigenen Position entfernt waren. Nur wer konnte davon erfahren, wenn sie sich damit begnügen, ihre eigenen Fragen und Überzeugungen im Dunkeln zu lassen und öffentlich - auf den Punkt genau - einen offiziellen Text zu vertreten, den sie im Geheimen persönlich bei weitem nicht akzeptieren?

Das ist eine Haltung, die gefährliche Folgen haben kann in einer Zeit, da die Gesellschaft und die Kirche aus Angst vor der Zukunft auf Rückzug bedacht sind, die Traditionalisten und Fundamentalisten jedoch den Wind im Rücken haben und wissen, wie sie sich zu Gehör bringen können.

Meine Absetzung hat unter den französischen Bischöfen zweifellos einen Schock ausgelöst. Dafür gibt es zwei wesentliche Gründe: zum einen das sich entrüstende Aufgebot der Christen an der Basis. Ihre Kundgebungen, Eingaben und Petitionen haben sicher die Reaktionen der Bischöfe beeinflußt. Unter dem allseitigen Druck der „vox populi" konnten die Bischöfe nicht weiterhin schweigen... Zum anderen sind die Ungeschicklichkeit und die fehlende Solidarität des Vatikans gegenüber den Bischöfen entscheidende Aspekte: Die meisten Bischöfe haben meine Absetzung durch die Presse erfahren. Das ist nicht nur eine schwere Beleidigung (Monseigneur Duval hatte sich beim Heiligen Stuhl für Geduld eingesetzt und offensichtlich kein Gehör gefunden), sondern auch ein erneuter Beweis für das autokratische, in sich selbst abgekapselte System an der Spitze der Kirche.

„Die Art und Weise, wie der Vatikan Monseigneur Gaillot abgesetzt hat, verrät ein Funktionieren der Kirche, das auf eine erschreckende Art gefährlich ist. Die von einer römischen Instanz vollzogene Maßnahme widerspricht auf brutale Art dem traditionellen Verständnis von Kirche, das - nach einer Periode der ungehinderten, totalitären Zentralisierung - im Zweiten Vatikanischen Konzil wieder zu Ehren gekommen und als Praxis wieder anerkannt worden ist." Dies schreibt der Dominikaner Jean-Pierre Lintanf[3], und er stellt die Frage: „Sind die Bischöfe bloße Funktionäre im Dienst einer zentralen, allmächtigen Bürokratie? Sind sie die Vorsteher, die eine in Rom konzentrierte Zentralgewalt delegiert hat?"

Mit zwei Arten von Reaktionen muß man nun rechnen. Etwa das Mitleid - noch das Mindeste für einen christlichen Bischof. Ich hätte mir allerdings etwas weniger Mitleid danach und etwas mehr Solidarität davor gewünscht. Ich denke, daß Rom sich nicht für eine Absetzung entschieden hätte, wenn die Bischöfe mehr Entschlossenheit gezeigt hätten. Gegenüber einer gleichgültigen Stimmung, wenn man so will, glaubte die oberste Autorität freie Hand zu haben. Dann gibt es aber auch das, was ich als „positive Reaktionen" bezeichnen würde, etwa wenn die Bischöfe nun die eigentlichen Fragen stellen. Von außen gesehen, können diese Stimmen, die sich nun erheben, schüchtern wirken. Aber Abbé Pierre rief in Erinnerung, daß seines Wissens diese Art von Protest gegen einen römischen Entscheid, diese Stellungnahme, z.B. der Wunsch, eine außerordentliche Bischofskonferenz einzuberufen, ein einmaliges Faktum in der Kirche darstellen. Ich vergesse auch nicht, daß am 22. Januar - bei meinem Abschiedsgottesdienst - vier Bischöfe in Évreux mit dabei waren und daß die Verantwortlichen der Bischofskonferenz beim Papst eine Eingabe eingereicht haben.

Es gibt Leute, die betonen: „Das alles zeigt, daß man in der Kirche gleichgeschaltet denken muß.“ Für viele Geistliche läuft das darauf hinaus, gar nicht zu denken. Aber kümmert man sich denn eigentlich um das, was das Volk Gottes denkt? „Die Partitur (das Evangelium) ist hervorragend“, hat mir jemand geschrieben, „aber das Orchester (die Kirche) spielt falsch.“ Wer das Evangelium lebt, zerbricht sich nicht ständig den Kopf wegen möglicher Unstimmigkeiten gegenüber den anderen Bischöfen und gegenüber der Institution, vor allem, ich wiederhole es, wenn diese Unstimmigkeiten nicht die Einheit im Glauben berühren.

Wer das Evangelium wirklich lebt, sucht möglichst nah bei den Leuten zu sein und teilt ihre Freuden und Hoffnungen, ihre Trauer und ihre Angst. Die Stärke eines Bischofs ist es, mit seinen Leuten zu sein. Und die einzige und wahre Kontrollbehörde bilden seine Leute, das Volk Gottes. Der christliche Glaube läßt nicht zu, daß wir die Lebensrealität aufgeben oder uns in den Wolken verlieren. Ein Christ geht auf den irdenen Wegen der Geschichte, auch wenn seine Stirn die Sterne berührt.

Gott, das Dogma und die Gesellschaft

Meine Freunde, was werde ich unter Euch tun? Welche Rolle soll ich durchhalten, sei es als Priester, sei es als Bischof?

Gelegentlich sagte man mir: „Sie müßten der Wächter der Dogmen sein. Sie müßten ein gutes Beispiel geben... Statt dessen steuern Sie Ihr Schiff in Anpassung an die heutige Gesellschaft; Sie rennen den Leuten nach, um ihnen zu gefallen."

Ich möchte Eurer Antwort zuvorkommen und festhalten: Ich werde in Partenia ebensowenig Wächter sein wie in Évreux. Früher schickte man mich zu den Zwiebeln und in die Sakristei, um mich zum Schweigen zu bringen, heute verweist man mich auf das Dogma - eine Argumentationsweise ganz tief aus der letzten Schublade, total verstaubt.

Als Jesus sein öffentliches Leben begann, wählte er den kosmopolitischsten Ort: „Jesus blieb nicht in Nazaret, sondern nahm seinen Wohnsitz in Kafarnaum, einer Stadt am See Gennesaret, im Gebiet der Stämme Sebulon und Naftali. Das geschah, damit die Voraussage des Propheten Jesaja in Erfüllung ging: 'Du Land von Sebulon und Naftali, am See gelegen und jenseits des Jordans, Galiläa der gottfernen Völker! Das Volk, das im Dunkeln lebt, sieht ein großes Licht. Und für alle, die im finsteren Land des Todes wohnen, leuchtet ein Licht auf'" (Mt 4,13-16).

Für Jesus soll sein Wort dort aufklingen, wo die Völker sich begegnen. Und es scheint mir für einen Bischof wesentlich zu sein, sein Schiff nicht so sehr mit Macht zu steuern, sondern sich ganz unter die Leute zu begeben, den Bug aufs Evangelium ausgerichtet. Was gar nicht so einfach ist. Ich habe es bereits gesagt: Ich hätte meine Zeit zwischen meinem Büro im Bischofshaus und der Sakristei zubringen und meine Diözese verwalten können, vor Augen jene Gläubigen, die sich in ihrer Haut und in ihren Sonntagsschuhen wohlfühlen. Mein Leben wäre zu einem langen, ruhigen Fluß geworden... Aber hätte ich auf diese Art meinen Beruf als Bischof glaubwürdig ausgeübt?

Man kann nicht über die Fragen der Menschen hinweggehen, ohne Gefahr zu laufen, ganz den Sinn für die Realität zu verlieren. Der Papst ruft unermüdlich die großen Prinzipien der Moral in Erinnerung. Das gehört zu seiner Aufgabe. Aber zu unserem Auftrag gehört es auch, daß wir die Fragen und Leiden der Menschen um uns herum wahrnehmen. Es geht nicht darum, nun alle Irrwege der Gesellschaft auch noch zu gehn, in den Sackgassen steckenzubleiben und sich gegen die Lehre der Kirche zu stellen. Aber wie können wir immer noch ignorieren, wie sehr die große Moral und die großen Prinzipien im alltäglichen Leben manchmal einfach nicht angewandt werden können und wie sehr sie unter bestimmten Gesichtspunkten sogar unmenschlich sein können?

Wenn eine ganze junge Generation durch die Krankheit weggerafft wird, wenn sich Aids schnell wie ein Blitz ausbreitet, muß, darf man sich dann einzig auf eine unerbittliche, unversöhnliche Lehre verkrampfen, von der man weiß, daß sie niemandem hilft? Muß, darf man dann einzig mit Verurteilung auftreten, ohne sich um die grausame Realität zu kümmern? Ich weiß, daß die moderne Zeit eine Zeit ist, die alles vermischt, und daß man meine Stellungnahmen häufig radikalisert hat. Zum Beispiel in Sachen Kondom: Ich habe nie gesagt, daß es die ideale Lösung sei, aber eine Not-Lösung. Jungen Menschen in erster Linie und allein die Treue zu predigen nützt überhaupt nichts. Wer das tut, ist jenseits und weigert sich, die Welt zu sehen, wie sie ist. Wer das tut, hat noch nie junge Menschen „während der Endphase" der Krankheit begleitet. Ich bin nicht zuerst für den Gebrauch von Kondomen, aber ich bin zuallererst für das Leben. Für mich kommt das Leben vor den Dogmen, das Handeln vor dem Wort, die Spiritualität vor der Moral, der Mensch vor allem anderen.

Die ehrlichen, verantworteten Bedürfnisse des Volkes Gottes kommen an erster Stelle, nicht die Disziplin der Kirche. Und schließlich - habe ich aus dem Evangelium gelernt, daß die Liebe stärker ist als das Gesetz.

Jesus hat am Sabbat Wunder gewirkt, weil ihm die Bedürfnisse der Leute wichtiger waren als die Prinzipien. Man hat ihm das bitter vorgeworfen. Wie er müssen aber auch wir alle notwendigen Mittel einsetzen, alle Mittel, die Leben retten, die den Menschen helfen, sich aufrecht zu halten, die ihre Würde und ihr Wort respektieren. Und das gelingt sicher nicht, wenn wir in ihnen Schuldgefühle wecken und ihnen sagen und einbläuen, was sie zu denken haben. Gott ist auf der Suche nach jedem einzelnen, weil jeder Mensch wertvoll ist und nichts je ganz verloren ist.

Wenn wir jemanden verdammen ohne ein Recht auf Berufung, behandeln wir ihn bereits wie einen Rückfälligen. Wenn wir aber jemanden aufnehmen, ohne eine Gegenleistung zu erwarten und ohne ständig auf seine Vergangenheit zu verweisen, eröffnen wir ihm eine Zukunft. Jemanden aufzunehmen heißt nicht, ihm in allem Recht zu geben, sondern ihn in toleranter Art ernst zu nehmen, um gemeinsam ein Stück des Weges zu gehen. Auf diesem Weg wird auch er seinerseits eingeladen sein zur Brüderlichkeit, zum Hören und zur Sorge für andere.

Die Kirche existiert nicht für sich selber, deshalb muß sie lernen zuzuhören, bevor sie spricht, - wie Jesus auf dem Weg nach Emmaus: Er überraschte durch sein langes und aufmerksames Zuhören. Er, der Auferstandene, begleitete seine Jünger, die ihn nicht erkannten. Er stellte ihnen Fragen und hörte sich lange ihre Probleme an, bevor er sich zu erkennen gab. Denn jetzt, nachdem sie ausgesprochen hatten, was ihnen am Herzen lag, waren sie für das Wesentliche bereit.

Was uns die Leute zu sagen haben, ist entscheidend. Damit sie aber wagen, es uns mitzuteilen, müssen wir in aller Bescheidenheit auf sie zugehen. Damit sie es sinnvoll finden, mit uns zu sprechen, müssen wir unseren Prunk und unsere Sicherheiten ablegen. Den Weg mit ihnen können wir nur gehen, wenn auch wir gelegentlich den Mut haben zu gestehen: „Ich weiß es auch nicht. Ich verstehe es nicht." Wir sollten ihre Fragen teilen und gemeinsam nach Antworten suchen.

Heute, da sich so vieles ändert, darf die Kirche nicht - besserwissend - über den Leuten stehen, auch nicht - teilnahmslos - neben ihnen, vielmehr - solidarisch, brüderlich - mit ihnen. Das Zweite Vatikanische Konzil hat uns auch diesbezüglich den Weg gewiesen: „Die Freuden und Hoffnungen, die Trauer und die Angst der Menschen dieser Zeit sind auch die Freuden und Hoffnungen, die Trauer und die Angst der Söhne der Kirche."[4] Die folgenden Beispiele, aus denen ich selber viel gelernt habe, illustrieren diese Sicht der Kirche wohl am besten:

- Annie sah keine andere Lösung als die Abtreibung. Ihr Freund war verschwunden, gleichzeitig verlor sie ihre Stelle. Welche Zukunft hätte sie ihrem Kind bieten können? Dann kam ihr Freundeskreis in Bewegung. Ihre Freunde gaben ihr Schutz, und es gelang ihnen, für Annie Arbeit zu finden. Weil sie nicht mehr allein war, hat Annie ihr Baby behalten... Andere haben in ihrer Umgebung weder Gehör noch Hilfe gefunden. Mußte ich sie deswegen verurteilen, wenn sie sich mir anvertrauten? Ich bin nicht, wie man es zu oft geschrieben hat, für „die Pille danach", und ich betrachte die Abtreibung als ein Versagen. Aber bin ich verpflichtet, mich über die Ratlosigkeit, in der sich manche Frauen befinden, hinwegzusetzen? Bin ich verpflichtet, zu richten, zu verletzen und mit Strafe zu drohen? Oder bin ich nicht vielmehr verpflichtet, was geschehen ist, versuchsweise zu verstehen, um die konkrete, gegenwärtige Lebensrealität und die Zukunftsmöglichkeiten zu erfassen?
- Marc kommt, um im Bischofshaus Zuflucht zu suchen. Er hat zu viel getrunken. Seine Frau und seine Kinder warten zu Hause auf ihn. Ich gebe ihm einen Kaffe und lade ihn ein, sich zu wärmen. Anschließend

drückt er meinen Mitarbeitern gegenüber sein Erstaunen aus: „Das ist komisch! Der Bischof hat mir keine Moralpredigt gehalten." Von sich aus erzählt er mir später von seiner Familie und seiner Verantwortung.

- In der Aumônerie des Gefängnisses von Évreux begegnete ich Hervé. Er kam nicht, um den Bischof zu sehen. Aus dem Bischof machte er sich nichts. In der Aumônerie gab es Kuchen und Kaffee, und das interessierte Hervé. Wir kamen ins Gespräch. Und er sagte mir, er würde in zwei Gefängnissen leben. Das Gefängnis mit den Mauern, Zellen und Gittern, das sei nicht das härteste Gefängnis. „Wenn ich hier bin", sagte Hervé, „so liegt das am Quatsch, den ich gemacht habe." Aber das andere Gefängnis, „das man in sich trägt, das man einfach nicht öffnen kann", das sei viel schrecklicher. - Wir haben oft zusammen gesprochen. Ich habe ihn nicht danach gefragt, was er getan hat und ob er es bereuen würde, ich habe ihm auch kein Missale oder Heiligenbild geschenkt. Ich bin nicht einmal sicher, ob ich Gott erwähnt habe. Vermutlich habe ich es getan, denn einen Tag nach meiner Absetzung - ein eigenartiger Zufall: Hervé war am selben Tag frei gekommen - machte er mir in einem Interview mit einem Journalisten das schönste Kompliment: „Das Evangelium ist für alle geschrieben worden. Als Jacques Gaillot mir davon erzählte, hatte ich allerdings den Eindruck, es sei einzig und allein für mich gemacht worden, es würde nur mich kennen."

Man hat mir vorgeworfen, ich würde in meinen Stellungnahmen das Wort „Gott" nicht genügend oft erwähnen. Einige „Besessene" gingen sogar so weit, daß sie zählten, um sicher zu gehen: „Sind Sie sich bewußt", sagte mir einmal einer dieser Kleinkarrierten, „daß Sie zehn Minuten diskutiert haben und dabei kein einziges mal den Namen Gottes ausgesprochen haben." Ich antwortete ihm, daß man die Frohe Botschaft nicht dadurch bezeuge, daß man den Namen Gottes zusammenzähle. Die Gute Nachricht wird vielmehr zur Botschaft, wenn unsere menschlichen Beziehungen echt sind.

Hat er das verstanden? Hat er verstanden, was die Philosophin Simone Weil einmal so ausgedrückt hat: „Nicht an der Art und Weise, wie jemand von Gott spricht, sehe ich, ob jemand die göttliche Liebe erfahren hat, sondern an der Art und Weise, wie jemand von den alltäglichen Dingen spricht."

Gegenüber den Menschen, die ein schweres Leben haben, versuche ich meine Aufmerksamkeit auf die alltäglichen Dinge zu lenken, auf ihre Schicksale und ihre Hoffnungen. Ich wende mich ihrem Unglück zu, nicht ihrem vielleicht fragwürdigen Lebenswandel. Ich komme nicht mit der strengen Lehre der Kirche. Ich greife nicht auf die Moral zurück. Es wäre ebenfalls absurd und verletzend, Völkern, die hungern, Ökologie zu predigen, weil sie die Umgebung plündern. Die Probleme rund um die Ozonschicht, die Zerstörung der Wälder, die Verunreinigung des Wassers sind für die Menschen, die Tag für Tag um ihr Überleben kämpfen, keine Themen.

Niemand weiß, wie sehr die unglücklichen und bedrückten Menschen darunter leiden, daß wir nicht auf sie hören, daß sich ihre Klagen und ihr Protest im Wind unserer Gleichgültigkeit verlieren. Im Kontakt mit den Gefangenen, Kranken, Drogensüchtigen, Arbeitslosen,

Behinderten, am „Krankenbett" all jener, die das Leben ausgeschlossen hat, kann sich ereignen, was Francis Thompson geschrieben hat:

„Ich habe meine Seele gesucht,
ich habe sie nicht entdecken können.

Ich habe meinen Gott gesucht,
er hat sich mir entzogen.

Ich habe meinen Bruder gesucht,
und ich habe alle drei gefunden."

Die Ausgeschlossenen haben Vorrang

Was mir das Wichtigste ist, kennt Ihr zur Genüge: Gemeinsam, meine Freunde, werden wir gegen das Elend in den Krieg ziehen, gegen das soziale Elend und gegen das menschliche Elend. Ich weiß, daß ich diesbezüglich nicht allein bin, Gott sei Dank! „Viele Priester engagieren sich für die Ausgeschlossenen, aber sie machen nicht so viel Reklame wie Jacques Gaillot." - Genau! Es gibt - zum Glück für unsere Kirche - zahlreiche Priester und Ordensangehörige, die dauernd bei und mit den Ärmsten leben. Sie tun es mit Kraft, Mut und Phantasie. Weshalb spricht man dann nicht genug von ihnen und zuviel von mir? Weil ich Bischof bin, nehme ich an, und weil ich das Bild, das man sich von einem Prälaten macht, kurzerhand verabschiedet habe. Ich bin selber erstaunt: Von mir spricht man... aber ich bekomme auch die Schläge.

Abbé Pierre hat mir etwas Ähnliches geantwortet, als ich ihn fragte: „Erklären Sie mir ein Geheimnis. Sobald ich nur ein Wort sage, schlägt man mir auf die Finger. Sie hingegen können zehnmal mehr sagen, und man schluckt es!" Er sagte: „Erstens bin ich kein Bischof. Und zweitens scheint mir der liebe Gott eine Art Instinkt für das richtige Maß an Frechheit gegeben zu haben. Ich spüre, wie weit ich mit meinem Protest gehen darf."

Abbé Pierre leidet an heiligen Zornanfällen, wie man das nennen könnte. Er erklärt es folgendermaßen: „Verlangt von mir bitte nicht, klug zu sein oder vor einer Entscheidung reiflich zu überlegen. Verlangt von mir bitte auch nicht, gescheit zu sein, wie man zu einem Kind sagt: 'Sei gescheit! Bewege dich nicht!' Es lohnt sich nicht. Diese Art von Gescheitheit werde ich nie haben. Ich bin halt so gebaut. Der Jähzorn ist eine Tugend des Menschen. Vermutlich weil es vieles erleichtert, bringt man den Kindern normalerweise bei, daß der Zorn ein Laster sei. Dann allerdings war Jesus lasterhaft: Im Tempel stürzte er die Tische der Händler um. In Wirklichkeit ist der Jähzorn etwas sehr Kraftvolles, gleich wie die Sympathie und die Intelligenz. Was ihn zu einer Tugend oder zu einem Laster werden läßt, ist das Objekt, auf das man ihn richtet. Schauen Sie, wie zum Beispiel der Zorn aufdecken kann, was wir lieben: Wenn ich zornig werde, weil ich im Spiel verloren habe, so zeigt das, daß ich mich selber liebe. Wenn ich zornig werde, um jemand anderen zu beschützen und zu befreien, so macht dieser Zornesanfall meine Liebe zum anderen Menschen sichtbar."[5]

Aber eben: Die Zornesanfälle eines Bischofs sollten „angemessen" sein: Ein Bischof geht aufrecht, hält sich aufrecht und denkt aufrecht in der Geradlinigkeit der Institution. Schon bei meinem ersten „Ausflug" im März 1983 ist mir das klar geworden: Viele Leute fanden, ich sei fehl am Platz. Ich allerdings fand, daß ich gerade dort und nicht anderswo zu sein hatte. In Évreux fand der Strafprozeß gegen Michel Fache statt, einen jungen Kriegsdienstverweigerer, den man der „Fahnenflucht" anklagte. Noch einmal, ich habe es bereits erwähnt: Mir ging es nicht um ein auffälliges Ereignis, sondern seit dem Algerienkrieg war Gewaltlosigkeit ein zentrales Thema, das mich stark beschäftigte. Und es schien mir - und scheint mir auch heute - zur Aufgabe des Bischofs zu gehören, für die Sensibiliät in Sachen Gewaltlosigkeit, Frieden und Abrüstung, die sich damals abzuzeichnen begann, offen zu sein. Ich begab mich also zum Gericht. Ich wollte nicht sprechen, nicht Stellung beziehen, ich wollte bloß gegenwärtig sein, um still den friedlichen Kampf von Michel Fache zu unterstützen.

Das Echo auf meine Präsenz bei diesem Prozeß überraschte mich, noch mehr die Kontroverse, die sie zur Folge hatte. Gleichzeitig wurde mir auch schnell bewußt, daß ein Teil der öffentlichen Meinung nur schlecht akzeptierte, daß sich ein Bischof überhaupt auf der Seite von Angeklagten befinden konnte, das heißt auch: auf der Seite von Versagern, von Entrechteten, von Ausgeschlossenen, daß er seine Nähe oder seine Stimme jenen leiht, die selber nicht sprechen können oder auf die man nicht hören will - als ob ich ihnen mit diesem Verhalten etwas entziehen, sie einer guten Tat oder eines Privilegs berauben würde.

Ich bin ganz anderer Meinung. Und mein Weg ist der Weg des Evangeliums: Ich bin nicht da, um die schon Überzeugten zu überzeugen, die Gesunden zu pflegen. Ich bin da, um den Kranken zu helfen und in erster Linie den Verzweifelten und Verlorenen meine Hand entgegenzustrecken. Mehr als die anderen und unabhängig davon, ob sie getauft oder nicht getauft sind, brauchen diese Menschen Liebe und Brüderlichkeit. - In diesem Sinn war die Affäre Fache für mich ein klärendes Ereignis. Sie war zweifellos eine Art Initialzündung für alles, was dann kam.

Im Juni 1982 war ich von den Christen in der Diözese von Évreux als ihr Bischof aufgenommen worden. Ich gehörte ihnen. Sie hatten ein Recht auf mich. Für Euch, liebe Freunde in Partenia, die Ihr seit dreizehn Jahrhunderten keinen Bischof mehr gehabt habt, ist das vielleicht schwer nachzuvollziehen... Aber als diese Leute im Schutz der Kathedrale mich weggehen sahen, weil ich den Ausgeschlossenen, den Wracks der Gesellschaft begegnen wollte, verstanden sie nichts mehr. Was machte ich da unten, am anderen Ufer, an den suspekten Orten, während sie selber, die doch ein Recht auf mich hatten, auf mich warteten? Und sie beklagten sich. Ich antwortete ihnen, Ihr Beschwerdebrief müsse weitergeleitet werden, denn ich könnte nichts dafür, auch die Kirche nicht: Der eigentlich Verantwortliche sei der namentlich bekannte Jesus, der in seinem eigenen Fleisch die Verlassenheit, die ungerechte Verurteilung und den Ausschluß kennengelernt habe.

In der Synagoge von Nazaret hatte Jesus das Buch des Propheten Jesaja genommen und verkündet: „Der Herr hat mich mit seinem Geist erfüllt. Er hat mich bevollmächtigt und mir den Auftrag gegeben, den Armen gute Nachricht zu bringen; den Gefangenen zu verkünden, daß sie frei sein sollen, und den Blinden, daß sie sehen werden. Den Mißhandelten soll ich die Freiheit bringen, und das Jahr ausrufen, in dem Gott sein Volk rettet“ (Lk 4,18f). Und er hatte hinzugefügt: „Dieses Wort ist heute für euch in Erfüllung gegangen“ (Lk 4,21). Das verpflichtete zu Risiken und zu Wagnissen. Ich durfte vor schmutzigen Händen keine Angst mehr haben. Ich durfte mich nicht mehr aus dem Handgemenge heraushalten wollen. Ich war gerufen, das Evangelium für alle und an allen Orten zu bezeugen. Das verlorene Schaf bekam Vorrang...

Während der zwölf Jahre in der Diözese von Évreux hatte ich die Schwachheit zu glauben, daß sich diese Idee durchsetzen wird, zumindest in den Köpfen jener, die den Dialog akzeptieren. Eine unterschiedliche Meinung ist ja das beste Mittel, um sich gegenseitig besser kennen und besser schätzen zu lernen. Es ging allerdings nicht von allein. Es kam zu Schocks, zu Auseinandersetzungen und zu Mißverständnissen. Aber viele verstanden mich, einige taten es mir sogar nach.

Doch es gab auch die Gruppe der Unbeugsamen, den harten Kern, sie waren der Frohen Botschaft verschlossen. Von ihnen stammten die Briefe, die Kardinal Gantin auf seinem Schreibtisch vorfand. Sie schrien „Skandal" und „Häresie". Daß ich mich vor allem mit den Verachteten, Drogensüchtigen, Inhaftierten, Immigranten, mit all diesen Randfiguren, die doch auf die Schattenseiten des Lebens gehörten, abgeben wollte, war für sie unvorstellbar, noch weniger nachvollziehbar. Das sei nicht meine Aufgabe und nicht mein Ort. Daß es einen Abbé Pierre gibt, einen Guy Gilbert oder andere Priester, „Spezialaufträge" für die Not der Menschen, machte ihnen keine Probleme. Im Gegenteil, das Engagement, der Protest und das Aufbegehren dieser Leute schaffe eine Art Einheit und verbinde die verschiedenen Klassen der Gesellschaft. Es sei das Privileg - und die Schwäche - von Freischärlern und von Abenteuerlustigen: Ihre ausgezeichneten und überraschenden Aktionen berührten weder die Prinzipien noch den Apparat der Kirche.

Es bleibt allerdings immer noch das Grundproblem, daß die Ausgeschlossenen selber, sowohl in der Kirche als auch in der Gesellschaft, das Wort ergreifen und einen Zugang zu den Informationen und zur Verantwortung erlangen sollten. Daß dieses Recht eingefordert wird, und zwar von seiten eines Bischofs, das ist es, was ärgert und stört.

Die Aufgabe der Rue du Dragon

Menschen, die am Boden liegen, wieder aufzurichten genügt nicht. Solidarität beschränkt sich nicht auf einen Teller Suppe, ein Dach über dem Kopf und ein Paar Schuhe. Die Würde eines Menschen nährt sich vor allen Dingen: zum Beispiel davon, daß er nicht mehr bevormundet wird, daß er selber entscheiden kann, daß er Verantwortung trägt für sich, seine Kinder, seine Familie. Und genau das macht unsere Aufgabe noch komplizierter. Zudem gibt es Gesetze - häufig werden sie von den „Spezialisten" verdreht, zurückgewiesen, verunglimpft, verharmlost: Das Recht auf eine Wohnung existiert doch, oder nicht? - man muß sich an die Gesetze halten, sich ihnen beugen, auch dann, wenn sich die Situationen verändert haben, und sogar in Notfällen, auch auf die Gefahr hin, daß halt ein paar Leute, die sowieso nicht mitzureden haben, „vergessen" gehen: Winter für Winter der Aufstand der Wohnungslosen...

Was verstößt eigentlich mehr gegen das Gesetz? Tausende von Wohnungen leer zu lassen, während ganze Familien auf der Straße leben? Oder: dieser empörenden

Provokation ein Ende zu setzen, indem man die entsprechenden Wohnungen besetzt? - Eine Besetzung ist freilich nur eine Notlösung, bis der Staat die richtigen Anordnungen trifft. Man kennt meine Antwort, sie liegt mit dem „Recht auf Wohnung" an der Rue du Dragon, Nummer 7.

Doch mit der Gruppe „Droit Devant", gemeinsam mit meinen Freunden Léon Schwartzenberg, Jacques Higelin und Albert Jacquard, wollten wir noch weitergehen. Ein Lebensraum besteht nicht nur in Essen und Schlafen. Ein Lebensraum bedeutet - auch wenn es dumm und selbstverständlich klingt: als Mensch leben zu können mit Verantwortungen, Pflichten, Vergnügen und Aufgaben. Daß wir eine „Volksuniversität" gründen, Ateliers der „Kenntnisse" anregen, herzliche und hilfreiche Kontakte zwischen Ausgeschlossenen, Intellektuellen und Künstlern ermöglichen wollten, hatte kein anderes Ziel, als eben diesen Aufbruch zu unterstützen, dieses Erlebnis, selber „jemand" zu sein. Offensichtlich steckt in diesem Unterfangen etwas Gefährliches und Suversives, das nicht toleriert werden kann. „Man sieht es gern, wenn wir in unserem Winkel allein sind, die Hand ausgestreckt und den Kopf gesenkt. Aber sobald wir uns zusammenschließen und Fragen stellen, machen wir ihnen Angst", spotteten die Leute der Rue du Dragon mit einem schmerzlichen Unterton, als sie durch die Sicherheitstruppen eingekreist wurden. Die Truppen verschenkten in diesem Moment eine gute Gelegenheit, sich eine Art von Wissen zu holen, die ihnen in den Kasernen nur sehr wenig beigebracht worden ist.

Ich hatte beim Strafprozeß, bei dem wir gegen die „Agentur Cogedim", die Eigentümerin des Hauses an der

Rue du Dragon, antraten, dem nichts anderes hinzuzufügen: „Solange wir Hilfe bringen, gibt es keine Probleme. Aber wenn wir mithelfen, daß die Ausgeschlossenen ihren Kopf erheben und sich organisieren, dann sieht es anders aus. Sie werden lästig."

Die Kirche darf nicht zurückbleiben und darf nicht „in Bezug auf die ganz schweren Entscheidungen, vor die die Welt gestellt ist, mit zu 'pubertären' Antworten aufwarten" (Gabriel Ringlet). Die Unterdrücker, die die Freiheit ersticken möchten, warten nicht. Sie sind als erste wach und erstürmen schon die Brücke. Und wenn man nicht aufpaßt, haben sie, noch bevor wir reagiert haben, bereits den ganzen Platz besetzt.

Als ich mit einem leidenschaftlichen Buch - man sagt, und ich glaube es gern, daß es bei meiner Absetzung keine unbedeutende Rolle spielt - gegen die Ausweisung[6] loszog und das neue Flüchtlingsgesetz verurteilte, hat die französische Kirche den Tonfall und das Engagement meiner Vorschläge nicht geschätzt. Ton und Engagement waren, so scheint es, nicht einem Bischof entsprechend: Ich provozierte Charles Pasqua zu heftig, und ich war übers Maß persönlich geworden. Ich selber hatte es logisch gefunden: Denn der Innenminister hatte sich schon lange mit dieser Politik der abgeschotteten Grenzen identifiziert und daraus sogar sein Hauptargument für die Wahlen gemacht. Aber ich schockierte. Und richtigerweise hätte es Herrn Pasqua sehr traurig gestimmt, wenn man mich im Rahmen der bischöflichen Hierarchie nicht verklagt hätte - während ich naiverweise der Überzeugung war, daß die unzähligen Männer, Frauen und Kinder, die durch die

Anwendung des neuen Gesetzes zu Verfolgten wurden, vielmehr hätten betrauert werden müssen.

Es ist wahr, daß die katholische Kirche - allerdings weniger klar als die reformierte Kirche - von Anfang an ihre Ablehnung des neuen Flüchtlingsgesetzes kundgetan hat und darauf bedacht war, die Solidarität mit den Flüchtlingen zu bekräftigen. Aber hätte es wirklich nichts Besseres zu tun gegeben, als einen Text von ein paar Zeilen zu veröffentlichen? Hätte man nicht forscher, mutiger, entschiedener vorgehen sollen? Die Initiative der Bischöfe, so lobenswert sie war, hatte etwas Improvisiertes, etwas Lächerliches an sich, etwas Unnützes, alles in allem. Und was geschieht heute? Man konstatiert den Schaden. Jeden Tag werden wir mit herzzerreißenden Fällen konfrontiert: Ehepaare werden getrennt, Kinder werden ihren Eltern weggenommen, Leute der politischen Opposition werden in ihre Ursprungsländer zurückgeschickt - und damit verurteilt. Es ist gelegentlich grotesk, häufig unmenschlich und immer beschämend.

Statt sich hinsichtlich der Menschlichkeit und Brüderlichkeit eine solche Beschämung einzuhandeln, wäre es wichtig gewesen, daß die Kirche mit mehr Kraft und mit mehr Überzeugung gekämpft hätte. Heute nun mehren sich die Warnrufe des Episkopats - auch von seiten Monseigneur Duvals, des Präsidenten der franzöischen Bischofskonferenz - wegen der katastrophalen Konsequenzen der Flüchtlingspolitik. Und ich finde, daß heute die offizielle Stellung des Klerus - ausgenommen natürlich in ihrer Form - von meiner angriffigen Schrift, die man nur mit einer Pinzette angefaßt hatte, gar nicht mehr so weit entfernt ist. Aber der Fehler ist nun einmal geschehen; die Jagd auf die Flüchtlinge läuft auf vollen Touren. Und der Großteil der Franzosen - Christen oder nicht - war zu wenig wach und zu wenig sensibilisert. Sie merkten nicht, daß man nun in ihrem Land - in der Heimat der Menschenrechte, in einem Land mit einer langen Geschichte des Asylrechts - das Ideal der Freiheit und der Toleranz zu Grabe trug. Sind wir, zusammen mit vielen anderen, vorweg den Politikern, nicht mitverantwortlich für eine solche Gleichgültigkeit? Und hat sich ihr eigenes Los - ich spreche von den Franzosen; um sie ging es doch, scheint es - deshalb verbessert?

Liebe Freunde in Partenia, wenn ich behaupte, daß ich als ausgeschlossener Bischof den Ausgeschlossenen noch näher bin, so tue ich das nicht nur aus Freude an einem Wortspiel. Dahinter steht die Wahl eines Kirchenverantwortlichen, die ich schon längere Zeit getroffen habe. Nur gibt man mir diesmal, wenn ich so sagen darf, die volle Freiheit.

Starke Bilder

Aus diesen Tagen des Sturms, Freunde in Partenia, bleibt mir im Herzen eine ganz spezielle Sammlung von starken Bildern. Und in diesem Album mit seinen unvergeßlichen Erinnerungen und seinem bestürzenden Kaleidoskop von Gefühlen gibt es ein paar stille und ganz persönliche Momentaufnahmen, die nicht mehr aus meinem Gedächtnis zu vertreiben sind. Es sind ganz besondere Momente, die ich gern mit Euch teilen möchte.

Ich frage mich übrigens, wie es zu diesen Eindrücken kommen konnte. Ich war doch vom Sturm erfaßt worden, hin und her geworfen, geschüttelt, nach allen Seiten getrieben... In den verrücktesten Augenblicken und während der Angriffe, die mich am meisten zerzausten, stellten sich Schutzmomente ein. Sie hielten den Tumult der Ereignisse, die alles überrollten, für die Zeit von ein paar Minuten an.

So habe ich zum Beispiel noch das Bild einer Rose vor Augen, die mir ein alter, befreundeter Priester entgegenstreckte. Er kam aus Langres, um an meinem Abschiedsgottesdienst teilzunehmen. Er suchte das Grundstück der Jesuiten auf, in deren Haus ich mich mit ein paar Menschen, die mir nahestanden, vor dem Gottesdienst zurückgezogen hatte. Als ich vor dreizehn Jahren die Diözese Langres im Osten verließ, hatte ich ihm gegenüber dieselbe Geste vollzogen: eine rote Rose zum Abschied...

„Für dich. Ich geb sie dir zurück", sagte mir nun der Freund.

Und ich habe das Bild eines Pokals vor Augen. Stéphane hatte ihn aus den Händen des Ministers für Jugend und Sport erhalten. Am 22. Januar hat er ihn mir geschenkt. Dieser Pokal war für ihn und ist für mich etwas ganz anderes als eine Sporttrophäe. Ich lernte Stéphane 1992 kennen. Er war siebzehn Jahre alt, wohnte in Saint-Etienne-du-Rouvray bei Rouen und hatte eben seinen Bruder verloren. Dieser war wegen einer dummen Geschichte, wegen eines gestohlenen Mofas, getötet worden. Das Quartier war in Aufregung. Die jungen Leute kochten vor Zorn und dachten nur an Rache. Stéphane wollte nun zeigen, daß es auch andere Wege gab. Um das zu beweisen, wollte er in erster Linie ein großes Fest der Hoffnung organisieren. Er rief mich an, und ich fand seine Idee ausgezeichnet, ermutigend und voller Hoffnung. Er brauchte einen Saal, und er hatte große Sorge, ob er einen Saal bekommen würde. Ich sagte ihm meine Unterstützung zu. Aber er wünschte sich noch mehr: „Ich brauche eine schriftliche Bestätigung. Andernfalls glaubt mir der Bürgermeister nicht."

Ich lieferte ihm nicht nur dieses kleine Papier, sondern versprach ihm auch, am Fest teilzunehmen. Es wurde ein großartiges Fest. Es erfüllte sogar die Straßen der Stadt. Junge Leute von ganz verschiedener Herkunft begegneten sich und kamen in Kontakt: Musik, Tanz und riesengroße Spray-Bilder gehörten zum Programm. Es war ein Tag der Hoffnung, so daß man Stéphane bat, das Fest im nächsten Jahre zu wiederholen, auch im folgenden, dann sogar in der Sporthalle und mit Subventionen. In der Zwischenzeit hatten sich auch tiefere Kontakte geknüpft, waren Projekte entstanden und hatten sich feste Gruppen gebildet.

Stéphane war stolz auf seinen Pokal: Er bedeutete das Gelingen und die Anerkennung seiner Aktion. Und nun trennte er sich von ihm, um zu danken, um einem Erwachsenen zu danken, der ihm auf Anhieb Vertrauen geschenkt hatte. Stéphane wußte, daß ohne Vertrauen nichts möglich war. Diesen Pokal werde ich, gerade weil er auch für mich sehr wertvoll ist, eines Tages weiterschenken.

Bei meiner Rückkehr aus Rom gehörten die Häftlinge zu jenen Menschen, die es besonders gut verstanden, mir Kraft zu geben. In den schwierigen Umständen erhielten nun ihre Zeichen der Freundschft, ihre Worte der Hoffnung und ihre Ermutigungen einen ganz besonderen Wert. Wenn man den folgenden Brief der Häftlinge des Gefängnisses in Évreux liest, rücken die Dinge an ihren Ort: Sie sind es, die leiden, - viel mehr als ich:

„Wir haben etwas, das uns verbindet. Wie wir bist Du nun ausgeschlossen, natürlich nicht aus denselben Gründen. Dein Verbrechen besteht darin, daß Du auf der Seite der Schwächsten warst, auf der Seite der Ausgeschlossenen. [...] Du hast einen anderen Weg eingeschlagen, Du hast das Evangelium im Alltag leben wollen.

Du hast an den Gewissen gerüttelt, hast Angst gesät, hast sie geknackt. Es ist so schwierig, denjenigen, die leiden, auf gute Art zu dienen - sie haben es nicht kapiert. Du bist stolz auf das, was Du getan hast, nicht auf das, was Du bist. Du bist auch nicht besser als andere Menschen, aber das, was Du getan hast, ist besser als wir. Es gibt für das Gewissen eines Menschen weder Freude noch Friede, solange er nicht demjenigen, der am meisten leidet, dienen kann.

Selbsterfüllung gibt es nur, wenn man von sich selber wegkommt. Die primäre Aufgabe für jene, die wirklich handeln wollen, besteht darin, daß sie den Schleier heben: daß sie den Leuten zeigen, was diese nicht sehen wollen. Wir haben die Freiheit und die Gerechtigkeit gerettet, soweit es das Recht und die Theorie angeht, in der Praxis allerdings riechen sie nach Verwesung. Man hat uns alles beigebracht, außer das Menschsein. Das Schicksal des Menschen besteht im Ja zum Menschen. Das ewige Leben ist nicht etwas Zukünftiges, es ereignet sich heute. In denen, die leiden, liegt etwas Heiliges.

Das alles hat mit Dir zu tun. Daß Du heute bei uns bist, zeigt, wie bescheiden Du bist.[7] Du ehrst uns, Du bist unser Freund, unser Bruder. Wir werden mit Dir das Kreuz tragen. Ein Prophet richtet die Gegenwart und sieht die Zukunft im Licht Gottes. Gott kennt die Seinen..."

Während den letzten Tagen in Évreux kommt ein Priester in mein Büro, mit einem strahlenden Lachen, er hat eine wichtige Nachricht: „Mit fünfundachtzig Jahren ist meine Mutter zum erstenmal in ihrem Leben auf die Straße gegangen. Bisher hat sie ihren Unmut immer versteckt, nun hat sie gewagt, ihn zu zeigen, zu protestieren. Sie hat dem Papst geschrieben. Sie hat demonstriert."

Ich lache und betrachte die Schachteln, die in meinem Büro immer zahlreicher werden. Sie sind randvoll mit

Briefen. Die ersten Briefe, vom 13. oder 14. Januar, stammen hauptsächlich von jungen Leuten, die ihren Zorn mit der drängenden Kraft ihrer zwanzig Jahre zum Ausdruck bringen. Die älteren Menschen gestehen, daß sie ein paar Tage warten wollen, um etwas Ruhe und einen gemäßigteren Stil zu finden. Alle schreiben mir wie an einen Bruder, als ob meine Absetzung mich ihnen näher gebracht hätte.

Zwei Wochen später fuhr ich mit den Schachteln im Kofferraum zu einem Priester im Departement Gers. Mit einer Gruppe von Freiwilligen sortierten und ordneten wir die Flutwelle der Briefe. Unser Ziel war eine kommentierte Zusammenfassung aller Briefe. Sie wollten wir allen, die geschrieben hatten, zukommen lassen.

Es kommt mir vor, als sei ich fünf Monate zurückversetzt. Damals hatten mich als Reaktion auf den Brief von Monseigneur Duval Tausende von Trost- und Ermutigungsbriefe erreicht. Und ich hatte mich, aufgewühlt wie ich war, gefragt, wie ich antworten könnte. Michel Pinchon, ein Priester der Diözese von Évreux, half mir damals aus der Verlegenheit: Wir veröffentlichten ein erstes Bändchen mit einer Textauswahl.[8]

Diese erste Welle von Briefen kam hauptsächlich von Leuten, die in der Kirche engagiert waren. Der Brief von Monseigneur Duval weckte bei ihnen eine schmerzvolle Resonanz. Mit Bezug auf mein Problem schrieben sie normalerweise von ihrem eigenen Engagement unter den Ärmsten. Diesmal nun haben die Ärmsten selber das Wort ergriffen. Menschen außerhalb der Kirche, Ausgeschlossene meldeten sich zu Wort, weil die Strafe, die mich getroffen hatte, nicht nur die „Eingeweihten" betraf; sie ließ die Grenzen der Institution hinter sich. Sie fand in allen Schichten der Gesellschaft ein Echo. „Wie wir sind Sie nun ausgebootet worden", hat mir jemand geschrieben. Menschen, die von der Kirche enttäuscht sind, fragen sich: „Wenn man nun Sie ausschließt, der Sie für uns ein Weg zur Versöhnung mit der Kirche waren, was soll aus uns werden?" Alle diese Briefe sind letztlich SOS-Signale, gerichtet an die Kirchenleitung und ihre höchsten Repräsentanten. Denn diesmal richten sich die Fragen, Kritiken und Beschwerden direkt an Rom, direkt an den Papst.

„Ich wollte auch an Monseigneur Duval schreiben", hatte mir im letzten Sommer eine Ordensschwester gestanden, „aber ich wagte es nicht, mich an diese hohe Persönlichkeit zu wenden. Bei Ihnen ist das etwas anderes." Diesmal wagten es die Menschen, sogar noch höher hinauf und in großem Ausmaß.

Ein solcher Mut zeigt klar, wie tief das Unbehagen war, das in der Öffentlichkeit herrschte. Ich selber war davon überrascht. Noch am 12. Januar konnte ich mir einen solchen Aufstand nicht vorstellen; an diesem Tag fragte ich nämlich Kardinal Gantin, ob er schon an die Bestürzung gedacht hätte, die die vorgesehene Bestrafung bei den Leuten auslösen könnte, und er antwortete mir: „Es geht jetzt nicht um Frankreich, sondern um die Kirche."

Es ist die Menge der Menschen, die den Vatikan bewegt hat, und nicht der Ex-Bischof von Évreux, auch nicht die beiden Abgesandten der Bischofskonferenz, die in Rom empfangen wurden. Sie waren nur Vermittler. Wir tragen die Botschaft des Schmerzes und des

Widerstandes all jener weiter, die sich für eine menschlichere und mehr in der Gesellschaft verankerte Kirche einsetzen.

Dieses Mal ist Monseigneur Duval gehört worden, mehr als ich. Im Jahre 1989 wurde ich abgewiesen, als ich um eine Unterredung mit Johannes Paul II. bat. Und noch vor kurzem, als ich durch den Präsidenten der Bischofskonferenz getadelt worden war und vorschlug, nach Rom zu fahren und meine Sache vorzulegen, antwortete die Nuntiatur lakonisch: „Es lohnt sich nicht."

Nun einige Wochen später „lohnte es sich". Die beiden Beauftragen der französischen Kirche sind nicht mit leeren Händen zurückgekommen. Und ich freue mich darüber, ich freue mich auch über die Schnelle, mit der die Reaktionen auf die Unterredung mit dem Papst veröffentlicht worden sind. Das ist sonst nicht Brauch. Das religiöse Schweigen, das üblicherweise auf den Auseinandersetzung im Schoß der Kirche lastet, täuscht eine künstliche Art von Einheit vor und ist die Quelle von Mißverständnissen, die bedauerlich sind und eine echte Solidarität nur verhindern.

Diesmal hat der Bote nicht die alte Pferdekutsche bemüht. Die Geschwindigkeit der Nachricht, am richtigen Platz zu unserer Zeit, hat gezeigt, daß der Aufruhr bis in den Vatikan gedrungen ist, ohne von seiner Kraft zu verlieren, und daß die Tausende von Briefen an die Bischöfe, nach Rom und an den Papst selbst ihren Bestimmungsort erreicht haben. Das ist eine gute Nachricht. Der Rest wird folgen.

Ich habe mein Bündel nun in der Rue du Dragon, Nr. 7, deponiert. Aus Évreux habe ich den Fernseher und einen Aktenschrank mitgebracht: Eine Marien-Ikone, ein Kreuz, ein Wandteppich aus Kolumbien schmücken die frisch gestrichenen Mauern. Emmaus hat mir ein Bett und einen Schreibtisch geliehen, den Schreibtisch, an dem ich Euch diesen Brief schreibe.

Ich bin nun also zu einem Bischof ohne festen Wohnsitz geworden, zu einem Prälaten der Garagenzufahrt. Wie Paulus „habe ich gelernt, mich in jede Lage zu fügen" (Phil 4,11). Liebe Freunde in Partenia, ich weiß, daß ich Euch überall treffen kann, und ich weiß, daß ich auch unter den Obdachlosen der Rue du Dragon unter Euch bin. Ich warte, ich lebe im Transit, genau wie sie.

Diese Familien, Franzosen oder Ausländer mit Aufenthaltsgenehmigung, haben alle ihr genau geregeltes Leben genossen, mit Arbeit und Wohnung. Dann, eines Tages hat man sie aus den Wohnungen gejagt: Diese mußten umgestaltet werden. Selbstverständlich hatten sie das Recht, die schönen, neuen Wohnungen wieder zu beziehen, allerdings für einen Mietzins, der ihr monatliches Einkommen überstieg. Und da keine freien Wohnungen zur Verfügung standen und bezogen werden konnten, landeten sie auf der Straße. Keine Wohnadresse mehr vorweisen zu können, besonders wenn man Ausländer ist: für einen Arbeitgeber, auch für eine Verwaltung ein Makel, von den Schwierigkeiten der Kinder in der Schule gar nicht zu reden. Auf einen Schlag ist das Leben dieser Familien aus dem Gleichgewicht gekommen. Der Alltag ist zu einem Hindernislauf, der Auszug aus der Wohnung zu einem Ausschluß geworden.

Die Vereinigung DAL hat diese Ausgrenzung nun in einen Kampf für das Leben verwandelt. Ein Wissenschaftler, ein Professor, ein Sänger und ein Bischof haben sich als Wortführer zur Verfügung gestellt. Ich habe mich mit ihnen aufgestellt, und sie haben das Mikro übernommen. Was mit ihnen geschehen war, konnte alle berühren, weil ich mit ihnen war.

Anderen die Türe öffnen, ist das eine. Aber es ist oft viel schwieriger, im Haus eines anderen einzuziehen. Die Kirche, die bereit ist aufzunehmen, muß auch bereit sein, aufgenommen zu werden. So wird sie ihre Sprache ändern, ihr Benehmen und ihre Liturgie.

Am Sonntag nach meinem Einzug feiere ich die Messe in der Nr. 7 an der Rue du Dragon. Unter den Mitgliedern des DAL und den Familien, die im Haus eingemietet sind, befinden sich auch andere Freunde, einige sind sogar aus Belgien gekommen. Viele von ihnen kennen sich im Ablauf des Gottesdienstes und in den Gebeten nicht aus, aber ich spüre ihre Gefühle. Ihretwegen versuche ich, alle Anwesenden aktiv mitwirken zu lassen, und jeder meldet sich zum Beispiel, um eine Fürbitte zu formulieren. Es ist der zweite Fastensonntag, der Sonntag der Verklärung: In Jesus, der auf dem Berg verwandelt wird, zeigt uns Gott den Menschen, wie er ihn möchte, wie er ihn gemäß seiner tiefgründigen Würde wiederherstellt. Wir sind für das Licht gemacht.

Es gibt Augenblicke des vollendeten Glücks, Augenblicke, in denen wir uns wohl fühlen, in Übereinstimmung mit uns selber und mit den andern. Diese Augenblicke der Fülle gibt es; auch wenn sie vielleicht selten sind, so kennt sie doch jeder von uns. Jeder von uns ist fähig, solche Augenblicke zu leben. Und wenn wir im Dunkeln leben, geben sie uns Zeichen. Denn wie Jesus auf dem Berg sind wir für das Licht geschaffen, nicht für das Dunkel.

Ich spreche zu ihnen auch von der Würde, von diesem Gut, das sich nie verliert, das jeder von uns besitzt, auch wenn einige glauben, daß man es ihnen geraubt hat. Ich erzähle ihnen die Geschichte jenes Mannes, der die Zeitschrift *Réverbères* verkauft und von den Leuten einer Fernsehequipe gefragt wird: „Haben Sie den Eindruck, durch diese Arbeit wieder eine gewisse Würde gefunden zu haben?" - „Meine Würde", antwortet der Mann ohne festen Wohnsitz, „habe ich nie verloren. Sie ist in mir, wie sie auch in Ihnen ist. Sagen wir eher: Heute kann man sie an mir wieder erkennen."

Die Würde kann Euch niemand nehmen. Sie ist ein Teil von uns.

Auf dem Weg

Liebe Freunde, muß ich hervorheben, daß sich unter die Freude, Euch in Partenia wiederzusehen, auch eine gewiße Ratlosigkeit mischt? Nach fast vierzig Jahren, so mein Eindruck, hat sich nichts verändert. Das Böse ist immer noch da, und das Gute hat kaum an Boden gewonnen. Der Krieg befleckt von neuem Euer Land und Eure Familien. Der Dämon des Hasses und der Intoleranz regiert. Er zerstört die Hoffnung eines jungen Landes, das sich nur schwer von einem Regime der Unterdrückung und Korruption befreien konnte. Gestern war es der Krieg gegen kurzsichtige Kolonialherren, die zu stark an ihren Privilegien hingen, heute ist es ein Krieg unter dem Vorzeichen des religiösen Fanatismus mit den Slogans des Todes und des Hasses, eines Fanatismus, der die wahre Botschaft des Islam ausplündert und in ihr Gegenteil verkehrt.

Im Namen des Glaubens zu kämpfen ist eine schreckliche Versuchung. Wir alle wissen, daß die islamischen Extremisten ihre Kräfte vor allem aus jenen Schichten der algerischen Bevölkerung schöpfen, die am meisten verarmt sind. Sie profitieren also vom Egoismus der Reichen und vom Zynismus der Privilegierten. Sie bieten dort einen Ersatz, wo die Regierung versagt. Sie sammeln die Verlorenen, die in der Gosse der Gesellschaft verkommen: vor allem die jungen Leute, die ja am meisten biegsam und verletzbar, aber auch am meisten empört sind.

In einer ersten Phase ist die Religion oft nichts anderes als ein Trost gegen die Ungerechtigkeit, ein Hilfmittel, um hochzukommen, eine Möglichkeit, die Menschenwürde und die Zukunftshoffnung zu bestärken. Der Pfleger kümmert sich um die Wunden des Elends und der Demütigung. Er gibt sich interessiert, warmherzig und verständnisvoll. Doch wenn der Kranke dann wieder auf den eigenen Füßen steht, wird der Pfleger zum militanten Instruktor. Auf diese Art macht der islamische Fundamentalismus aus dem eben noch Sterbenskranken einen indoktrinierten Krieger, bereit, in seinem Fanatismus die schlimmsten Taten zu verüben, sogar auf Kosten des eigenen Lebens.

Die Schäden dieser Art von religiöser Gefolgschaftstreue sind auch auf der anderen Seite des Extrems deutlich sichtbar, nämlich dort, wo der Islam nur noch als eine Religion von Halsabschneidern betrachtet wird und die Moschee als ein Zufluchtsort von Mördern gilt. Für jene, die unbedingt alles durcheinanderbringen, versteckt dann jeder, der wie ein Araber aussieht, ein Rasiermesser in der Tasche, und jeder, der Moslem ist, ist auch tollwütig. Und alle, die ihre radikale und absurde Ansicht nicht teilen, sind verdächtig.

Ich bin verdächtig. Sobald diese Invasionsbesessenen mich sehen oder hören, nehmen sie ihren Dienst wieder auf und lassen mir Briefe zukommen, die voll sind von Haß und Gewalt. Sie schreiben an „Mohammed" Gaillot - als ob dieser Vorname in sich eine Beleidigung wäre! Sie klagen mich an, ich würde das Verbrechen decken, an meinem Land und an meiner Religion Verrat begehen, ich sei wie jemand, der zu Kriegszeiten zum Feind übergeht.

In ihren Augen ist das algerische Volk nicht das Opfer einer Tragödie, die das Land verbluten läßt, sondern als ganzes für diese Tragödie verantwortlich. Wer so denkt, vergißt den Leidensweg einer Bevölkerung, die zwei entgegengesetzten Lagern als Geiseln dienen muß. Er vergißt auch die Unschuldigen, die zu Tausenden hingerichtet werden, er vergißt die blindwütigen Attentate, die ebenfalls blindwütige Unterdrückung, die Folter und die Repressalien. Er vergißt auch den bewundernswerten Kampf jener, die trotz der täglichen Hölle ihr Rückgrat nicht beugen und sich in der Umklammerung nicht zermürben lassen.

Ich denke vor allem auch an die Frauen. Sie demonstrieren ohne Schleier, sie drücken öffentlich ihren Willen für ein modernes und demokratisches Algerien aus. Weniger resigniert und weniger fatalistisch als die Männer stehen sie heute auf den Vorposten. Sie erobern die Barrikaden der Opposition und verwerfen die religiös gefärbte Fortschrittsfeindlichkeit, deren erste Opfer sie meistens werden. Sie spielen in der modernen algerischen Gesellschaft eine wesentliche Rolle, gerade deshalb dienen sie den islamischen Terroristen als Zielscheibe. Sie werden entführt, vergewaltigt, getötet... Trotz der Gefahr denken sie nicht daran, sich zu verstecken. Zweifellos sind sie der Schlüssel zum Widerstand gegen jegliche Unterdrückung, und damit auch der Schlüssel zur Zukunft Algeriens.

Und man möchte sie am liebsten allein lassen! Man würde, wie einst Pontius Pilatus, sich die Hände rein waschen vom Unglück, das ein Land bedroht, das uns so wichtig geworden ist, mit dem uns Gefühle, aber auch historische und kulturelle Zusammenhänge verbinden. Und schlimmer noch: Man müßte - genährt durch eine übertriebene Sicherheitspolitik - den Fehler begehen, im algerischen Drama alles zu verwechseln. Man müßte alles simplifizieren und in den einen Sack von Mißtrauen und Feindschaft stecken. Genau diese Angst, daß dies geschehen könnte, drückte Monseigneur Guy Deroubais, der Bischof von Saint-Denis, aus:[9]

„Vor allem im Unglück erkennt man die wahren Freunde. Im Namen dieser Freundschaft sind wir aufmerksam für das, was mit unseren Brüdern geschieht: die Verdächtigungen, die ohne Nuancierung gegen ein ganzes Volk vorgebracht werden, - für die Maßnahmen, die nicht gerechtfertigt scheinen - für eine Art und Weise des Handelns, die dazu beiträgt, daß Islam und Terrorismus miteinander verwechselt werden, - für die Urteile, die zu stark vereinfachen und die den politischen und ökonomischen Gegebenheiten nicht Rechnung tragen, mit denen die Kämpfe zwischen den Brüdern des einen Volkes zusammenhängen.

Weil das geschieht, wollen wir aufmerksam sein: auf die Äußerungen jener Gruppierungen, die gegen den Rassismus, die Fremdenangst und die Ausgrenzung kämpfen, - auf das, was das algerische Volk selber sagt, - auf das, was die Moslems bei uns, mit allen ihren Unterschieden, zu sagen haben, - auf das, was uns das Evangelium sagt, - und auf die Haltung der Kirche. Auch wir sind nicht davor geschützt, Gott und politische Entscheidungen, die die Geschichte unseres Landes bestimmt haben, miteinander zu verwechseln."

Das alles, Freunde in Partenia, wißt Ihr ebenso gut wie ich, wenn nicht sogar besser. Denn viele Eurer Brüder leben und arbeiten ja heute in Frankreich; sie erfahren es Tag für Tag, sie leiden vor allem unter der Atmosphäre der Verdächtigungen, die heute unterschiedslos auf ihnen lastet.

Im letzten Sommer machte einer meiner Freunde diese traurige Erfahrung. Der Imam Kechat Larbi erhielt durch das Innenministerium die Anweisung, sich nur noch in Folembray aufzuhalten, und galt plötzlich - ohne den kleinsten Beweis - für einen Teil der französischen Öffentlichkeit als ein gefährliches Individuum. Ich besuchte ihn, und meine Verleumder begannen wieder zu schreiben: Sie hatten gesehen, daß ich dem Imam die Hand gab und dabei eine Hand ergriff, die voll war vom Blut der in Algerien getöteten Franzosen! Es war für sie unwichtig, daß Kechat Larbi die Anliegen der islamischen Front nicht unterstützt, sich von aller Gewalt distanziert, sich für einen friedlichen und toleranten Islam einsetzt und zu jenen gehört, die aus der aktuellen Zerfleischung nur einen Ausweg sehen, nämlich die Verhandlung, das Nein zu einer Gewalt, die vorgibt, die Demokratie wieder herstellen zu wollen.

Sie betonten zudem: „Man hat Sie nicht gesehen, als die vier Weißen Väter[10] umgebracht wurden." Das stimmte nicht, aber auch das war ihnen unwichtig. Der Rundfunk hatte mich damals interviewt, und ich hatte mich über diesen Akt der Barbarei empört. Wie hätte es anders sein können? Ich gehöre doch zur selben Kirche, für die diese vier Priester Zeugnis abgelegt haben. Aber muß man deswegen gleich den Dialog zwischen den Religionen umbringen, dem Wunsch dieser Kriminellen Raum geben und ihnen das Feld überlassen? Denn genau das streben sie an.

Das würde auch der Haltung der katholischen Kirche in Algerien widersprechen. Die Gläubigen sind Tag für Tag dem Tod ausgesetzt, sie leben in einer Atmosphäre von extremer nervlicher Anspannung. Doch die Priester und Ordensleute lassen sich vom Sturm nicht hinreißen. Sie besitzen die doppelte Staatsbürgerschaft und könnten problemlos nach Franreich zurückkehren. Wer würde es ihnen unter diesen Umständen verübeln? Aber sie haben sich entschieden, zu bleiben und sich den Schwierigkeiten aller auszusetzen. Wenn die Leute kontrolliert, unterdrückt und gefoltert werden, können sie sie nicht verlassen.

Die Bischöfe von Algerien haben den Christen des Landes gegenüber betont[11]: „Mit euch wollen wir den Weg weitergehen, den Weg, den wir mit dem algerischen Volk begonnen haben. So antworten wir auf unsere Berufung." Das ist eine Entscheidung voller Risiken; sie haben sie voller Vertrauen und Ehrlichkeit getroffen. Die algerische Kirche ist mit dem Volk „auf Tod und Leben" verbunden. Leider sind diese Stimmen, die sich gegen die Gewalt erheben und dem Frieden und der Zukunft dienen, zu wenig bekannt. Sie haben Mühe, sich über die Schreie des Hasses zu erheben.

Diese Stimmen erinnern mich an eine andere Stimme. In den sechziger Jahren versuchte Monseigneur Léon-Etienne Duval, der Erzbischof von Algier, mitten in diesem Krieg, der vorgab, keiner zu sein, etwas Ähnliches und mit der gleichen Gedankengröße. Ich war damals Soldat und in der Nähe von Partenia einquartiert, wie ich es

Euch schon erzählt habe. Und ich erinnere mich an eine seiner großen und schönen Ansprachen, als rund um ihn herum Algerien in einem grausamen Chaos versank.

Ich denke an eine weitere Stimme, die noch länger zurückliegt, an die Stimme von Père Charles de Foucauld. Sein Lebensweg, Freunde in Partenia, hatte sehr stark mit Eurem Land zu tun. Und ich stelle mir die Frage: Was würde er zu den Ereignissen von heute sagen? Er, der sich mit dem Maghreb-Virus so stark infiziert hatte, daß er diesem Gebiet den letzten Teil seines Lebens schenkte.

In seinem kleinen Haus aus getrocknetem Lehm, verloren im Hoggar, setzte Père de Foucauld seinen Glauben in die Praxis um: nie sich einrichten, offen sein für das, was sich ereignet, und sich in Frage stellen lassen durch das, was geschieht. Diese Haltung habe ich an ihm immer geliebt, die Art, wie er sagen konnte: Man ist immer auf dem Weg, man ist nie angekommen. Diese ständige Infragestellung, die bedeutet, daß wir letztlich nur Gesandte sind, Nomaden, bestimmt, immer weiterzuziehen.

Auf diese Art hat sich Charles de Foucauld von der Kultur und der Mystik der Moslems prägen lassen. Er lebte wie die Leute des Landes, paßte sich ihrem Handeln und Tun an. Seine Kenntnis des Islams basierte wesentlich auf der zwischenmenschlichen Beziehung. Seine Schriften belegen, wie sehr die Entdeckung der islamischen Welt seinen Glauben und sein Beten beeinflußt hat. Was würde er sagen? Hat er doch zwischen Frankreich und dem Maghreb eine Brücke geschlagen und sich bereits zu seiner Zeit, und zwar mit sehr heftigen Worten, gegen das unmögliche Verhalten gewisser Militärs gegenüber der Bevölkerung gestellt. Was würde er sagen?

Ohne jeden Zweifel wäre sein Schmerz sehr groß, wenn er sehen würde, daß sich seine islamischen Brüder gegenseitig töten. Er würde leiden, er würde sein Leben für sie riskieren, unabhängig von ihrer Partei. Er würde jede Form von Gewalt und Barbarei ächten aus dem - uns gemeinsamen - Wissen heraus, daß sie keine dauerhafte Lösung vorbereiten. Er würde sowohl den Terrorismus als auch die Unterdrückung verurteilen. Er würde gegen jeden Machtmißbrauch antreten und sich voller Eifer für Verhandlungen einsetzen.

Gleichzeitig würde Père de Foucauld aber auch weiter und höher schauen. Er würde in internationalen Kreisen Alarm schlagen. Er würde sich zweifellos erstaunt zeigen über die offizielle Gleichgültigkeit und Distanziertheit, - Haltungen, die sich oft hinter hohlen Reden ohne Tragweite verstecken. Er hätte seine kritischen Fragen gegenüber der Politik des französischen Staates, die unbedingt die algerische Regierung stützen will, obwohl sie durch Korruption untergraben ist und in der Bevölkerung keinerlei Glaubwürdigkeit mehr besitzt. Und die Stimme der katholischen Kirche würde ihm im Zusammenhang mit dem Drama Algeriens ziemlich sicher als zu schüchtern vorkommen und als zu dünn.

Und zweifellos würde er sich angesichts eines kuriosen Faktums die Frage stellen - eine Frage, die auch andere in ein paar Jahren stellen werden: Wie hat sich die Kirche mit so viel Aufwand den „kleinen Geschichten" eines Jacques Gaillot widmen und sich stillschweigend über die Tragödien hinwegsetzen können, die die Welt zerstören?

Und jetzt?

„Bedauern Sie es?“ Die Frage ist klar, direkt und doch voll von Untertönen. Wer sie mir stellt - und in der Zeit nach meiner Absetzung ist sie mir oft gestellt worden -, setzt je nach Temperament das entsprechende Gesicht auf. In den Augen des Fragestellers kann es den hungrigen Glanz dessen geben, der nach Schlagzeilen jagt, aber auch die Trauer des Totengräbers, der schon das Maß für den Sarg nimmt.

„Bedauern Sie es?“ Die Frage kann rein bürgerlich gemeint sein: ein Bedauern darüber, nicht mehr in seinen Möbeln und seinem Komfort zu wohnen, nicht mehr im Kreis seiner Gewohnheiten und seiner Sicherheit. Partenia, Ihr merkt es, ist und kann kein Leben sein.

Die Frage kann auch intellektueller gemeint sein, was natürlich belohnender wirkt: ein Bedauern darüber, zu weit gegangen zu sein, sich zu stark engagiert zu haben, schon zu viel Partenia ausprobiert zu haben, bevor das erlaubt war.

Bedauern... Wer kennt kein Bedauern? „Seid klug wie die Schlangen, und doch ohne Hinterlist wie die Tauben“ (Mt 10,16). War ich genügend klug? War ich genügend ohne Hinterlist? Sich auf diesen zerbrechlichen Seilen immer im Gleichgewicht zu halten ist die Leistung eines Seiltänzers, und ich bringe, denk ich mir, die verlangte Fähigkeit nicht immer mit. Doch wenn ich zwischen den beiden wählen muß: Jesus selber hat es vorgezogen, ohne Hinterlist zu sein, denn die Klugheit kann auch lähmen. Was ich in meinem bescheidenen Rahmen oft erlebt habe. Und ich möchte gegen diese Regel, die mir immer wieder Probleme verursacht, nicht mehr verstoßen.

Bedauern? Ja, etwas bedaure ich: Daß ich mich in den Dingen, die ich verteidigte, nicht genügend stark engagiert habe. Daß ich auf den Wegen, die mir dringlich und gerecht schienen, nicht weiter und klarer vorwärtsgeschritten bin. Es war natürlich auch eine Frage des Temperaments, der Erziehung und der Versäumnisse. Dann auch eine Frage der Überlastung. Denn trotz der Aussagen meiner Verleumder setzte ich meine Zeit nicht nur dafür ein, von einem Flugzeug ins andere umzusteigen, auf die Podien der Fernsehanstalten zu rennen und Bücher zu signieren. Die Diözese nahm mich vorrangig in Beschlag, was logisch ist. Der Bischof von Évreux konnte nicht über die notwendige Zeit verfügen, um sich in Auseinandersetzungen einzumischen, die sich weiter weg abspielten.

Der „versetzte" Bischof kann diese Entschuldigung nicht mehr vorbringen. Eure Berge der Kabeley, liebe Freunde, befreien mich von den Geschichten vor Ort; Partenia erlaubt es mir, den Weg zu den verschiedenen Aktionen wieder aufzunehmen, die ich, notwendigerweise, aus dem Auge verloren habe.

Eine bestimmte Aktion liegt mir vor allem am Herzen. Sie scheint mir überdeutlich mit dem „irdischen" Auftrag eines Mannes der Kirche verbunden zu sein. Sie scheint mir zudem eine Verpflichtung zu sein für jemanden, der an eine Welt glauben möchte, die einmal von Frieden und Nächstenliebe geleitet werden soll. Ich spreche von der Gewaltlosigkeit.

Wenn wir auf die Konflikte schauen, die unseren Planeten zerreißen, scheint sie eine verzweifelte Sache zu sein. Aber sie lohnt einen Einsatz, bei dem man sich nicht entmutigen läßt. Ich habe schon einmal geschrieben[12], daß der Weg zur Hoffnung nur über die Gewaltlosigkeit gefunden werden kann, daß es nicht darum geht, klein beizugeben oder aufzugeben, im Gegenteil. Es geht um die Freude am Wagnis und um Mut. Gewaltlosigkeit hat nichts mit einem Mangel an Widerstand zu tun. Wer gewaltlos ist, ist nicht kraftlos oder passiv, im Gegenteil: Er ist mutig und bereit, sich zu schlagen, bereit zu siegen, ohne sich selber oder jemand anderen zu zerstören. Gewaltlosigkeit ist das Gegenteil der Utopie, jenes Traumes, über den sich die „Realisten“ so gerne lustig machen, weil sie selber, ohne mit der Wimper zu zucken, akzeptieren, daß die Welt sich in einen Alptraum verwandelt.

Die Gewaltlosigkeit gegen den Krieg, das ist das Gute gegen das Böse: Sie stellt sich gegen die Leichenfelder in Ruanda, gegen die ethnischen Säuberungen in Ex-Jugoslawien und gegen die Mordanschläge in Algerien. Sie vertritt dasselbe wie Louis Lecoin[13]: „Auch wenn man mir beweisen würde, daß meine Ideale durch den Krieg die Chance bekommen könnten, sich zu verwirklichen, würde ich den Krieg dennoch ablehnen. Denn auf Leichenhaufen kann man keine menschliche Gesellschaft aufbauen.“

Die Gewaltlosigkeit bedeutet zu kämpfen, ohne sich abbringen oder müde machen zu lassen, und zwar mit den Waffen des Friedens. Und in diesem Kampf muß das Jahr 1995 ein symbolisches Datum werden: Es ist tatsächlich fünfzig Jahre her, daß die Städte Hiroshima und Nagasaki in einen Friedhof verwandelt wurden. Diese beiden atomaren Holocausts gaben einen schrecklichen Einblick in die Fähigkeit des Menschen, den Tod zu verbreiten. Es war eine so schreckliche, so einleuchtende Demonstration, daß sie nach aller Logik keine Fortsetzung hätte finden dürfen. Wenn wir auf der Straße Zeugen eines Unfalls werden, fahren wir sofort mit mehr Klugheit, und der Fuß drückt nicht mehr so schwer aufs Gaspedal. Die „kleine Bombe" von Hiroshima führte nicht zu dieser Reaktion. Sie hat vielmehr die Konkurrenten der nuklearen Bewaffnung beflügelt, bis sie - unter dem Vorwand der „Abschreckung" - aus unserem unglücklichen Planeten ein gefährliches Pulverfaß machten. Mehrfach ist man nahe an der Katastrophe vorbeigegangen, hat eine Zerstörungsmacht aufgebaut, die mehr als notwendig ausreicht, alles auszulöschen. Man hat einem unglaublichen Übergewicht freie Bahn gelassen, was heute die „Kleinen" dazu verführt, es den „Großen" gleichzutun. Es sind auf diesem Weg zum bis jetzt noch verpaßten Selbstmord unwahrscheinliche Summen ausgegeben worden. Es existieren Riesenmärkte an Alteisen, auf denen Raketen und Missiles, mit denen man nichts mehr anfangen kann, vor sich hinrosten, und man handelt mit den Teilen dieser tödlichen Maschinerie, die man sich vermittelt wie einen Überschuß der Nachkriegszeit. Eine erschreckende Bedrohung, mit der die Zauberlehrlinge nicht gerechnet haben.

Vor fünfzig Jahren ist Hiroshima von der Landkarte getilgt worden. Wir werden die grauenhaften Bilder erneut zu sehen bekommen, die unerträglichen Zeugenaussagen hören, das Grauen einer zu Staub gewordenen Stadt nacherleben. Doch Hiroshima war nichts, nur gemütliches Handwerk, denn seitdem haben die zerstörerischen Kräfte mit Riesenschritten zugenommen. Dieser erschreckende Jahrestag ist die Gelegenheit, noch kräftiger und überzeugter zu sagen, daß die Atommacht eine Bedrohung der Menschheit darstellt. Dieses Damokles-Schwert, das der Mensch zur Selbstvernichtung geschaffen hat, muß zerbrochen und aufgelöst werden.

Ich fühlte mich mit Papst Johannes Paul II. solidarisch, als er die Konflikte verurteilte, die heute die Welt besudeln und entehren, oder als er kritisierte, gegen das Land, das von einem Diktator ruiniert wird, ein Embargo zu verhängen.

Das Embargo macht mein zweites Bedauern aus. Ich habe meine Auftritte in der Medienwelt zu wenig dazu benützt, um darauf hinzweisen, daß mir diese Art von ökonomischen Repressalien unmenschlich und von einer grausamen Absurdität zu sein scheinen. Niemand kann sich darüber hinwegtäuschen, daß ein Embargo zerstörerische Wirkungen hat: auf die hungrige Bevölkerung, auf die Kinder, die als Opfer der mangelhaften Ernährung zu Tausenden in den Spitälern sterben, und daß ein Embargo strategisch wirkungslos ist. Eine Blockade ist nichts anderes als eine Geiselnahme: Sie bestraft die kleinen Leute. Sie macht die Armen noch ein Stück ärmer und berührt die Eliten nicht. Und die großen Industriekonzerne ziehen sich aus der Affäre, sie machen ihre Geschäfte trotzdem, sie umgehen die Verbote, sie profitieren. Aber die große Masse der Bevölkerung muß sowohl das Joch der Machthaber als auch die Strafe der weltweiten Anordnung austragen. Das Schrecklichste besteht darin: Für den Umsturz der Regierung rechnen wir zynisch mit dem Aufstand der Bettler - damit aber auch mit mehreren tausend Toten zusätzlich. Die Regierung hingegen, gut genährt und gut bewaffnet, wird mit all den Zufallsprognosen spielend fertig. Kuba - niemand sieht heute mehr genau die Gefahr, die diese Insel nach dem Zusammenbruch der Sowjetunion und nach dem Ende des kalten Krieges für die USA noch darstellen sollte - Kuba ist ein großes Elendsviertel geworden. Und seit der Irak mit seinem Öl nicht mehr handeln kann, hat die Kindersterblichkeit in diesem Land ein erschreckendes Ausmaß angenommen. „Und die Verantwortlichen?" werdet Ihr mich fragen. Fidel Castro, der im Elysée-Palast feierlich empfangen wird, und Saddam Hussein, dessen Tage im Golf-Krieg gezählt schienen, den heute aber allem Anschein nach niemand mehr stürzen will: Beiden geht es blendend.

Leider sind das alles nur Ungerechtigkeiten unter vielen anderen. In meinem Zimmer an der Rue du Dragon vergeht kein Tag, ohne daß mich nicht ein Hilferuf erreicht, mir jemand von einer Verletzung der Menschenwürde schreibt oder von Rechten, die mißachtet worden sind. Ich habe nun Zeit zum Nachsitzen: Was ich vergessen und übersehen habe, dafür suche ich die Vergebung; ich werde versuchen, weniger oft unter Zeitdruck zu stehen. Und ich rechne mit Euch, daß Ihr mir helft.

Liebe Freunde in Partenia, Ihr wißt: ich habe wirklich den starken Wunsch, Euch zu besuchen, Eure Gesichter zu sehen, Eure Freuden und Eure Ängste kennenzulernen. Die aktuellen Umstände verhindern im Moment mein Kommen. Aber das bedeutet nicht Wartezeit: Wir können hier und jetzt für den Frieden wirken. Um diese Hoffnung und unseren Einsatz zu nähren, wollen wir in uns die Worte des Franz von Assisi wiederholen:

„Herr, mach mich zum Werkzeug deines Friedens:
Daß ich Liebe bringe, wo man sich haßt,
Daß ich Versöhnung bringe, wo man sich kränkt,
Daß ich Einigkeit bringe, wo Zwietracht ist,
Daß ich die Wahrheit bringe, wo Irrtum herrscht,
Daß ich den Glauben bringe, wo Zweifel quält,
Daß ich die Hoffnung bringe, wo Verzweiflung droht,
Daß ich das Licht bringe, wo Finsternis walter,
Daß ich Freude bringe, wo Traurigkeit lähmt.

O Meister, hilf mir, daß ich nicht danach verlange,
getröstet zu werden, sondern zu trösten,
verstanden zu werden, sondern zu verstehen,
geliebt zu werden, sondern zu lieben.
Denn wer gibt, der empfängt,
wer sich vergißt, der findet,
wer verzeiht, dem wird verziehen,
wer stirbt, der wird zum ewigen Leben geboren."

Anmerkungen

1 Es handelt sich um Monseigneure Bernardin Gantin, den Präfekten der römischen Kongregation für die Bischöfe, Monseigneure Jean-Louis Tauran, den Sekretär dieser Kongregation, und um den argentinischen Erzbischof Jorge Mesia vom Sekretariat des Heiligen Stuhls für Beziehungen zu den verschiedenen Staaten.

2 Professor, Spezialist für Kommunikation, Vize-Rektor der Katholischen Universität Löwen.

3 *Actualité religieuse* vom 15. Februar 1995.

4 Aus der Konzilskonstitution „Die Kirche in der Welt von heute".

5 *Le testament de l'abbé Pierre.* Editions Bayard, 1994.

6 *L'Armée de tous les dangers.* Editions Ramsay.

7 Am Morgen des 22. Januar hatte ich im Gefängnis von Évreux die Messe gefeiert, ein paar Stunden vor der großen Feier in der Kathedrale.

8 Eine Spezialnummer der Zeitschrift *Jésus - les cahiers due Livre Avenir,* herausgegeben in Zusammenarbeit mit der Priestergruppe „Jonas". Diese Zeitschrift wurde allen, die mir geschrieben hatten, zugestellt.

9 Er ist auch Präsident jener Arbeitsstelle der französischen Bischöfe, die sich um die Beziehungen zum Islam bemüht. Diese Äußerung stammt vom 20. August 1994.

10 Die vier Weißen Väter - drei Franzosen und ein Belgier - wurden in Tizi Ouzou (Kabeley) am 27. Dezember 1994 durch eine Gruppe der Islamisten getötet.

11 Botschaft vom 2. Januar 1994.

12 *Lettre ouverte à ceux qui prechent la guerre et la vont faire aux autres.* Editions Albin Michel, 1992.

13 Luis Lecoin, 1888-1971, militanter Pazifist.

Mutige Worte eines umstrittenen Bischofs - Jacques Gaillot

Eine Kirche, die nicht dient, dient zu nichts

Der „rote Bischof" oder das „schwarze Schaf" der katholischen Kirche Frankreichs, Jacques Gaillot erzählt selbst, wer er wirklich ist. „Dieses Buch ist provokant, und es will auch provozieren. Der unkoventionelle Bischof Gaillot rüttelt an unzähligen Tabus, um einer Kirche willen, die dem Menschen dient"(Rheinischer Merkur).

5. Auflage, 192 Seiten, Paperback, ISBN3-451-21988-3

Folgt seiner Liebe

Der Kreuzweg Jesu ist kein vergangenes Ereignis - er geht mitten durch unsere Zeit. Hier meditiert einer der profiliertesten Bischöfe der Gegenwart den Kreuzweg und die Auferstehung Jesu vor den konkreten Lebens- und Leidenswegen heutiger Menschen. Sein provozierendes Engagement für den Menschen, vor allem für die Randexistenzen der Gesellschaft, ist in jeder Zeile dieser eindringlichen Meditationen zu spüren. Gaillot macht Ernst mit der unlösbaren Verbindung von Liebe und Leiden. Konsequent folgt er dem Weg Jesu - dem Aufstand Gottes für das Leben, der bis heute nichts von seiner Radikalität und revolutionären Kraft verloren hat.

96 Seiten, gebunden, ISBN 3-451-22383-X

Verlag Herder - Freiburg · Basel · Wien

Titel von Gaillot als Taschenbuch

Was für mich zählt, ist der Mensch

„Die mutigen Bekenntnisse des unkonventionellen Bischofs, der für viele zu einem Zeichen der Hoffnung geworden ist, die Christsein als radikales Menschsein verstehen" (Fuldaer Zeitung).

„Ein erfrischendes und ermutigendes Buch" (Zeitschrift für Katholische Theologie).

129 Seiten, Paperback, ISBN 3-451-08831-2

Meine Freiheit in der Kirche

Für Jacques Gaillot, den profilierten französischen Bischof, ist das Evangelium die revolutionärste Schrift überhaupt. Dies zeigt sich in seiner Lebensgeschichte und seinen aufsehenerregenden Unternehmungen in den Randzonen der Kirche, zu denen er hier offen und mit einem Schuß Humor Rede und Antwort steht.

2. Auflage, 176 Seiten, Paperback, ISBN 3-451-08818-5

Verlag Herder - Freiburg · Basel · Wien